政策网络分析十讲

赵德余 著

格致出版社 上海人民出版社

目　录

1　导论　为何需要政策网络分析

第一部分　政策网络的性质、形态与原理

13　第 1 讲　政策网络的多重面孔

33　第 2 讲　理解政策网络结构-行为-效果的辩证方法

50　第 3 讲　合作型政策网络理论:结构性要素属性的识别

65　第 4 讲　政策网络的性质与功能:介于市场与科层之间

82　第 5 讲　政策网络结构的社会契约基础:完全合约与不完全
　　　　　　合约

第二部分　政策网络与政策过程

103　第 6 讲　政策网络形成的动力学:集体行动的逻辑

123　第 7 讲　政策网络与政策过程分析:理论方法与案例经验的
　　　　　　再讨论

第三部分　政策网络案例分析

155　第 8 讲　医疗保险基金监管的政策网络结构及其
　　　　　　行为困境分析

177　第 9 讲　社会化养老服务模式的行动者网络分析

207　　第 10 讲　政策网络分析：讨论与展望

附　录

221　　附录 1　我国政策网络研究的知识图谱
　　　　　　——基于 Citespace 的文献综述
243　　附录 2　基于政策文本的网络分析模型构建
　　　　　　——以《中华人民共和国慈善法》为例

导论
为何需要政策网络分析

最近二十年来,网络分析方法对于社会科学家而言并不陌生,但是,对于十多年前的我而言,该研究方法进入我的视野却是非常偶然的。2011 年在圣路易华盛顿大学做访问学者期间,我和生物医学的高级研究员黄健生同租一个套间,我们经常边吃晚饭边聊天或观看正在热播的《新三国演义》电视剧。一次,我吃完饭走进室友房间,发现他正聚精会神地趴在电脑前琢磨满屏的生物分子结构图,这些结构图看起来类似于我们政策网络分析模型图。黄博士发现我正在他身后目不转睛地看电脑里的分子结构图,就打趣地问我:"你们社会科学也有这样复杂的模型结构图吗?"我本能地回应道:"有啊!"黄博士显然很吃惊:"哦,说说看。"我一听他这么好奇,于是就手指着他电脑里的分子结构煞有其事地给他现场演示起来。我说:"你看啊,这个分子就类似于赤脚医生或乡村医生,这个分子是患者,这是患者家庭成员,这个分子是乡镇卫生院,旁边的分子是合作医疗基金,上面的分子是卫生局,再边上的分子是乡政府,等等,这样一个分子结构图在社会科学中类似于美国的奥巴马医改法案,它呈现了中国当前想法:在乡村实施的新医改政策的网络结构模型。"后来,我说得兴起,脑海中直接迸发出一个想法:"政策网络结构分析就是我们政策科学研究者对国家政策进行研究的一种理论方法模型,类似于生物医学对于分子结构性能的研究,我们社会科学也需要探寻政策网络结构的功能是否以及多大程度上能够实现政策的目标和意图。"黄博士显然被我一顿即兴的类比镇住了,他将信将疑地感慨:原来以为就是抄抄写写的政策研究看来也有科学性的一面。

在和黄博士神侃之后,我回到自己的房间,不停地在室内踱步,反复地琢磨"政策网络"这个词,忽然觉得可以在美国的期刊网中搜寻一下是否有人使用和研究过"Policy Network"。结果不查不知道,一查吓一跳,发现其实"Policy Network"在西方的政策科学研究中正方兴未艾,有许多相关文献。于是,我就专门建立了一个"Policy Network"的文件夹。从此之后,我在美国将近一年的时间始终都在关注政策网络的文献,后来也由此逐步扩展到对系统动力学、循证社会政策方法以及政策模拟和实验等各类政策研究的方法和理论问题的关注。在回国后不久,我就在学校先后申请开设了"政策系统动力学""政策网络分析"以及"公共政策和管理高级方法论"等课程。经过近十年的教学,我为"政策网络分析"配备了自编的多卷本《政策网络分析文献选编》,并组织学生翻译其中的精选文献。最近五年,我还对每年更新和修改的政策网络分析讲义进行编辑并以《政策工坊》的形式印刷给学生作为课程教材。

应该说,近些年国内的政策科学领域也出现了一些政策网络分析的论文,包括对国外理论方法的引介以及运用政策网络分析方法对国内政策案例的分析(参见朱亚鹏,2006)。但是,总体而言,政策网络分析的研究还是略显不足。为了对比国内和国外政策网络分析文献的差异,我在2020年9月还特意以"我国政策网络研究的知识图谱"为题组织编辑一期《政策工坊》(第48期),收录了过去15年国内政策网络研究中具有代表性的期刊论文,并对这些文献进行评论。这篇评论由我和博士生唐博共同完成,也作为附录收录在这本讲义中。

在这本讲义正式出版之际,我想对政策网络分析以及这本讲义的一些特征做一个说明。需要指出的是,这本讲义的大纲是在反复修订和完善之中形成的,其中第二部分"政策网络和政策过程"很显然在教学中是非常重要的,涉及政策网络在政策议程设置、政策决策/制定、政策实施以及政策评估等各个环节。但是,这部分内容我们在这本讲义中并未能完整或充分体现出来,而仅仅是收录了几个相关政策过程环节中的政策网络分析案例以及一篇政策网络分析理论与方法的文献讨论(第7讲)。事实上,这一点恰好表明了政策网络分析作为一种理论方法还非常不成熟,其远远没有形成一个稳定的学术界可以达成共识的知识标准体系。尽管如此,这本讲义还试图对政策网络的性质、类型和功能做充分的论证和挖掘,这一点主要体现在讲义的第一部分。需要指出的是,这本讲义的每一讲都可以被视为一篇独立的论文,当然,其中绝大部分都是未曾发表过的。

细细甄别这本讲义的内容的话,会发现其理论探讨明显弱于对案例经验的分析,或者说离开了或剥离了案例本体经验,则政策网络分析的理论元素可以保留下来的是非常薄弱的。这也正表明了政策网络分析方法的描述性特征非常突出,而这一点在方法论上非常容易遭受批评和争论,事实上政策网络分析方法也的确面临此类批评的困境。但是,作为一种正在探索中的方法,我还是坚持并乐于将这些尚不成熟的政策网络分析讲义公开出版,以吸引更多青年学者的兴趣并对此加以批评和讨论,进而推动政策科学理论和方法研究的进步。为了使读者更好地理解政策网络分析,我们在此对相关问题做进一步的交代和简单的讨论。

一、为什么需要政策网络？关注政策网络的理由是什么？

很显然,网络、行动者网络和政策网络这三个紧密相关的概念涵盖的对象范围存在差异。一般意义上的"网络"分析无疑是最为广泛的,包含了物理世界的物体或元素之间的关联性,从最小的生物医学中的分子结构呈现的网络特征到中欧班列带动"一带一路"倡议中的互联互通网络结构,物理世界中的网络概念无疑是最为宽广的。关于这一点,意大利的圭多·卡尔达雷利和米凯莱·卡坦扎罗合著的《网络》就是一本非常通俗和精炼的网络思维训练的读物,该书对于包括物理真实网络和虚拟网络在内的整个世界就是一张网,给出了逻辑清晰的直观认识。

相对于一般的网络而言,社会学意义上的行动者网络范围则要小得多,其主要聚焦人类行动者主体之间的交往关系。以法国社会学家卡龙和拉图尔(Callon and Latour,1981)为代表的科学知识社会学家最早在20世纪80年代就提出了行动者-网络分析的范式,突出强调了对去中心的社会中相互依赖的网络关系的关注。之后,无论是人类学家的田野研究还是全球化和现代化研究中的资源流动开放的世界网络图景,抑或实证社会科学研究者试图将行动者之间交往的频率、密度以及空间距离等变量设计出来对网络关系的强度进行测量,这些都显著地提升和强化了行动者网络概念在社会科学研究中的作用。

应该说,政策网络分析的概念并没有完全脱离一般的网络和行动者-网络理论,相反,政策网络分析事实上还是建立在或者说至少是包容了一般网络和行动者网络的概念内涵。例如结构主义的政策网络分析就考虑到了资源要素和政策情景等物理变量之间的关联,而行动者网络本身就属于政策网络类型学中的一个重要组成部分。事实上,无论是政府间网络还是生产者网络甚至于议题网络,都包含了某些行动者网络的元素和相互依赖性的特征。

可见,关注政策网络或者说需要理解政策网络本身其实和我们需要具有网络思维的理由是一致的。毕竟政策网络的世界也是物理的或人类的一般网络和行动者网络的重要组成部分,无论是政策制定者还是政策执行者,均是政策网络关系结构中的一个元素或主体。当然,对于政策网络而言,我们关注和理解政策过程或者政策世界的网络特征还具有更加独特的重要性,即任何政策都会影响网络中的每一个行动者或主体,而政策是如何影响其网络主体,以及网络中的行动者是否有能力或机会影响政策的过程,对于一个开放民主的社会而言至关重要。换句话说,政策网络关系到人类的福祉和命运,这就是我们需要理解和关注网络的最重要的理由。

二、政策系统和政策网络的区别是什么？什么是政策系统？什么是政策网络？

政策系统和政策网络都关注影响因素之间的交互作用特性,但是,前者更侧重于影响因素,而后者更突出不同行动者主体之间的相互作用,包括互惠性关系。一般而言,政策系统是指政策过程中的一些关键环节或拉斯韦尔(Lasswell)的政策阶段(如决策、实施以及评估、学习等过程中)所包含的一系列相互联系的因素构成类似于子循环体系,如政策决策系统、政策实施系统、政策评估系统等。当然,从信息控制论来看,政策系统通常也被视为由政策行动主体系统、政策支持系统、政策反馈系统三个子系统构成的政策宏观系统,其中,政策行动主体系统几乎涵盖了从中央政策决策-实施层到地方各级各类相关政策决策-实施机构及其相互作用反馈机制,而政策支持和反馈系统更多地是与信息协调和监控评估反馈机制甚至包括环境联系在一起的。毫无疑问,这些政策系统和子系统更适合运用我们提倡的另一种政策分析方法,即系统动力学的因果循环反馈机制加以刻画,显然政策子系统各个影响因子之间相互联系、依存和相互作用的交互机制普遍具有循环反馈或自我强化的特征(赵德余,2019)。

不过,相比较而言,政策网络虽然更加突出行动者之间的关系,特别是互惠性关系,但是,对于结构主义政策网络分析,如果在具体的政策决策场景或政策实施场景中运用案例分析,政策决策系统和政策决策网络并不一定能一目了然地加以区分。显然,如果行动者或部门关系在习惯上被贴上政策子系统的标签,运用政策网络分析这些部门或行动者之间的循环反馈关系,可以说特定情形下政策子系统和政策网络并不存在实质性的差异,而仅仅是研究者脑海中的观察视角和分析概念的区别。

三、政策网络的主要理论和方法依据或基础是什么?

毫无疑问,政策网络分析的理论方法基础来源于跨学科的理论资源,既包括政治科学和政策科学的多元主义(1950—1970)、法团主义(1960)、次级系统(1965—)的研究传统,也涉及一般的网络理论和社会学行动网络理论特别是主体网络和喻体网络的广泛使用(主体是指当前的事物,即你想要描述的,让别人理解的事物;喻体是指借以描述的事物,即你想用其形象来使主体更加容易理解的事物,参见石凯、胡伟,2006)。当然,组织科学理论的理性行动者和理性组织(即组织的价值目标及其对环境的适应性或反应),甚至新制度经济学的合约理论和制度分析都为政策网络提供了重要的理论概念资源和方法论的启发。

四、政策网络分析的主要视角有哪些?

严格地说,政策网络分析大概有结构功能主义视角和行为主义视角两大类,但具体而言,结构功能主义政策网络分析更加强调权威、资金、合

法性、信息、组织等资源依赖、网络规则以及网络结构形态等因素的价值
功能性含义（Rhodes and Marsh，1992）。同时，国家自主性视角的政策
网络分析也是一种结构主义方法，即国家或政府允许更多的利益集团参
与政策过程的一种协商机制（突出非对称性却是非常正式的关系），并借
此作为扩张社会基础结构权力的工具（史密斯，1993）。当然，作为一种治
理工具的功能性视角，政策网络则是一群具有自主性且彼此之间有共同
利益的相互依赖的行动者所组成的关系。当政府失灵或市场失灵时，这
种具有平等、协调和自我统合的政策网络就成为一种公共治理模式（Bor-
zel，1998），而这种视角下，政策网络被认为是治理政府或市场失灵的功
能性工具。

　　相对于结构功能主义方法，政策网络的行为主义将分析的落脚点放
在行动者的行为策略以及行动者之间的互惠性关系上。如从关系视角来
看，公共行动者与私人行动者之间的一种策略性或互惠性关系以及相互
依赖的行动者某种程度上在政策过程中会形成的社会关系模式成为研究
的焦点（Kickert，Klijin and Koppenjan，1997）。无论是政治官员、行政
官员和社会行动者之间因相互依赖而形成的一种较为长久的联结模式
（Waarden，1992），还是政策场域中各类不同的行动者之间采取互惠性策
略而形成的合作型政策网络（Deleon and Varda，2009），其关键都在于探
究政策行动者的行为策略以及行动者之间关系的属性。

五、政策网络分析与政策过程分析有何关系？

　　政策过程分析已经形成多源流模型和理性主义或渐进主义决策模型
以及大量的政策实施模型，应该说，政策过程分析本身已经成为政策科学
的基础性理论。不过，无论哪一种政策过程分析的理论范式都包含了不
同政策行动者之间的关系，而这种行动者关系特别是政策决策层的铁三

角或准政府模式,已经具备了政策网络分析的关键特征。可见,政策网络分析作为一种描述性或分析性工具,可以为政策过程研究提供新的理论视角,特别是为政策制定、政策实施乃至政策变迁的动力学提供分析思路。考虑到许多行动者在政策过程的不同阶段(如从政策倡导、政策决策到政策实施等多个环节)都保持持续稳定的参与性,因此政策网络分析本身也具有穿透或跨越政策阶段论的特色和优点。

参考文献

[法]布鲁诺·拉图尔:《我们从未现代过:对称性人类学论集》,刘鹏、安涅思译,苏州大学出版社 2010 年版。

[意]圭多·卡尔达雷利、[意]米凯莱·卡坦扎罗:《网络》,李果译,译林出版社 2018 年版。

石凯、胡伟:《政策网络理论:政策过程的新范式》,载《国外社会科学》2006 年第 3 期。

赵德余:《政策系统动力学》,社会科学文献出版社 2019 年版。

朱亚鹏:《公共政策研究的政策网络分析视角》,载《中山大学学报(社会科学版)》2006 年第 3 期,第 80—83 页。

Borzel, Tanja A., 1997. "What's so Special about Policy Networks? An Exploration of the Concept and Its Usefulness in Studying European Governance." European Integration Online Papers, 1997, Vol.1, No.016, http://eiop.or.at/eiop/texte/1997-016a.htm.

Callon, Michel, and Bruno Latour, 1981. "Unscrewing the Big Leviathan: Or How Actors Macrostructure Reality, and How Sociologists Help Them to Do So?" pp.277—303 in Advances in Social Theory and Methodology: Toward an Integration of Micro and Macro-sociologies, edited by K. Knorr-Cetina and Aaron V. Ciciorel. London: Routledge & Kegan Paul.

F. Waarden, 1992. "The Historical Institutionalization of Typical National Patterns in Policy Networks between State and Industry", European Journal of

Political Research, Vol.21.

P. Deleon and D.M. Varda, 2009. "Toward a Theory of Collaborative Policy Networks: Identifying Structural Tendencies", *The Policy Studies Journal*, Vol.37, No.1.

R.A.W. Rhodes and David Marsh, 1992. "New Directions in the Study of Policy Networks", *European Journal of Political Research*, Vol.21, p.197.

Smith, Martin J., 1993. *Pressure Power & Policy. State Autonomy and Policy Networks in Britain and the United States*, Hempel Hempstead: Harvest Wheatsheaf.

W. Kicker, E. Klijin and J.F.M. Koppenjan, 1997. *Managing Complex Networks: Strategies for the Public Sector*, London: Sage Publication.

第一部分

政策网络的性质、形态与原理

第 1 讲
政策网络的多重面孔[*]

一、 政策网络的研究范式

政策网络是一个客观存在的现象或隐喻,还是一个描述和理解公共政策的分析工具? 政策研究者对这一问题显然并没有形成共识。谨慎一些的学者注意到政策网络分析存在诸多局限性,尤其是缺乏理论基础,因而倾向于将其视为某种政策分析视角或隐喻,如分析政策过程之得失的行动主体及其关系。而乐观一些的学者则显然认为政策网络分析背后存在坚实但有待发展的理论基础,可以作为一种政策研究的范式。无论持有哪一种观点,我们都必须厘清几个基本问题:究竟什么是政策网络? 界定政策网络性质的关键变量或维度是什么? 如何对政策网络进行分类,或者说政策网络分析常见的模式有哪些? 不同的政策网络分析模式各有什么特点和区别,这些网络分析模式对于理解公共政策过程具有什么样的理论价值?

首先,关于政策网络,比较有代表性的定义是:"由于资源相互依赖而

———————————

　＊　本讲内容为 2013 年教育部人文社科基金后期资助项目"政策科学方法论"(项目编号:13JHQ008)的部分成果。

联系在一起的一群组织或者若干群组织的联合体。"(Benson，1982)也有学者将政策网络定义为："在特定政策部门拥有各自的利益或者'股份'，有能力推动政策成功或者引致政策失败的一群主体。"(Peterson and Bomberg，1999:8)经典的定义基本上都是将政策网络刻画成系统中行动者之间的关系，不过，这一点并不是绝对不可改变的，如果将网络的结点由行动者改变或放宽为包括行动者以及政策系统中的任何影响因素，则政策网络的内涵就大大扩展了。当然，概念内涵和外延扩大之后，其操作的难度和误解的风险也会增加。

其次，关于理解网络结构性质的关键要素，不同的学者观察的侧重点不同，本森(Benson，1982)倾向于以理念/行动、利益、权力等三组要素作为社会构建的原则，以指导政策网络的经验分析。德莱昂等人(Deleon et al.，2009)则强调了合作政策网络中成员的属性、互惠契约、集中度、信任、关系透明度与参与度，以及网络结构中平等性等因素的重要性，并试图据此将网络结构模式类型化。不过，罗茨(Rhodes，1981)对政策网络的类型化工作影响更大，他认为政策网络的研究起源于英国，并从更广的角度来理解和使用网络概念，强调网络概念在社会学、心理学、社会人类学及政治学的应用，这一派学者明显受到欧洲的组织间关系理论的影响。①罗茨(Rhodes，1981)认为，政策网络中最关键的构成部分是政治制度间的结构关系，而不是那些制度内个人之间的关系。他认为政策网络是一个由五种不同类型网络组成的连续体。其依据参与主体资格与资源分配关系作为标准，依照网络结构从紧密到松散的顺序，依次为政策共同

---

① 英国的政策网络的研究形成有两个流派。除了以罗茨为代表的研究流派之外，另一个流派以乔丹(Jordan)等人为代表，强调美国政治(政策)科学的发展及其理论观念对英国的影响，重视政策子系统和政策网络中人际关系而不是结构关系对政策过程的影响(Richardson and Jordan，1983；Wilks and Wright，1987)。

体(policy community)、专业网络(professional networks)、政府间网络(intergovernment networks)、生产者网络(producer networks)和议题网络(issue network)。

不过,罗茨的类型学存在一些缺点,其"政策网络"与"政策共同体"之间的关系模糊不清。按照罗茨的观点,似乎政策网络是一个包含政策共同体的更宽泛的概念,而政策共同体只是政策网络的一个组成部分,那么,问题是其他形式的网络,如专业网络、政府间网络、生产者网络和议题网络是否也是政策网络的一个组成部分,并且相互之间存在明显的边界呢? 实际上,以上各类子网络都是相互交叉的,难以严格区分,且都被贴上了"政策网络"的标签。政策共同体与政府间网络在很多国家的政治实践中尤其难以分离,如在中国,政府各职能部门间的网络往往正是以跨部门领导小组的形式构成相对紧密的政策共同体,若将两者区分,则似乎缺乏意义。同样,专业网络也不是完全由专家团队组成的纯技术结构,其同样处于政策共同体的网络结构之中。至于议题网络,如果忽略其与政策共同体之间的联系,而仅仅将之限定于松散的外部行动者之间的关系的话,则议题网络自身的价值就大大弱化。可见,政策共同体可以被视为政策网络中的核心部件,其常常隐含于各种政策网络的结果之内,而精炼罗茨的政策网络类型学,以使之在理论上更加清晰以及在实践上更具操作性,这是一件十分有价值的工作。当然,马什和罗茨(Marsh and Rhodes, 1992)此后又进一步从利益、参与主体资格、相互依赖的程度及资源四个维度,将政策社群、政策网络及议题网络视为利益集团和政府关系的三种类型。其中,政策网络是一般性术语,是一个连续体,按照网络结构的紧密程度,政策社群处于连续体内部关系紧密的一端,而议题网络则处于关系松散的另一端,各自具有不同特征。

表 1.1 不同政策网络类型的特征性区别

网络类型	适用意图	成员资格	行动者间相互依赖性	资源分配的原则	分析方法
系统动力学网络	分析社会经济系统的潜在因果关系	成员不稳定，没有严格的要求	无固定的相互依赖性	导向系统的薄弱环节	系统结构方法
生产服务流网络	分析服务流相关行动者间的契约关系	动态的、有限的成员	有较高的相互依赖性	依赖于契约各方的关系状态	行为主义策略互动
政府间网络	分析政策制定/实施共同体的决策控制机制	对成员有严格的准入要求	有较高的相互依赖性	依赖于政府不同部门间的权力博弈	契约方法
基于政策议题的政策共同体与工具选择网络	分析政策议题或问题与工具选择的匹配性	动态的、有限的成员	有一定的相互依赖性	依赖于议题的严重性程度及其行动者的话语权力	结构-行为；理性选择

综上所述，基于网络分析适用研究和描述的意图、网络成员资格、网络行动者相互依赖性以及资源分配的不均等性等，如表 1.1 所示，我们重新将政策网络划分为以下几种类型：系统动力学网络、生产服务流网络、政府间网络以及基于政策议题的政策共同体与工具选择网络。其中，通过放宽对网络成员间关系的限制，我们构建了系统动力学网络以取代罗茨类型学中的专业网络，考虑到系统动力学模型对于政策系统的因果关系的刻画和分析，可以将其与现有的政策网络进行类比和对照，从而有助于拓展政策网络的分析功能。

二、 基于系统动力学模型的政策网络

和一般由成员或行动者作为主体构成的网络结构关系不同，基于系

统动力学模型构建的网络更多地是对政策系统内部的因果逻辑关系尤其是各个子循环反馈关系进行刻画、描述与分析，其涉及系统内部的影响因子十分广泛，包括行动者策略意图以及行动者之外的组织、技术、制度乃至环境等各个方面的变量。因此，基于系统动力学模型构建的网络应该可以被视为广义的政策网络。如图 1.1 所示，以社会组织发展扶持政策网络为例，该网络包含了大量子循环系统，这些子循环系统相互嵌入并交织在一起，从而构成一个内在复杂的政策系统关系架构。那么，该政策的网络化结构能解决什么问题且具有什么分析价值呢？

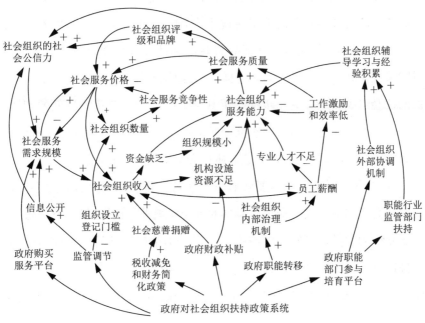

图 1.1　基于系统动力学模型构建的社会组织发展扶持政策网络

　　基于系统动力学模型构建的网络回应的基本问题包括：为什么政府需要扶持社会组织的发展？哪些社会组织是需要政府重点扶持的？如何扶持社会组织发展？社会组织发展的内在驱动力模式是什么？现有的社

会政策在扶持社会组织发展方面或执行过程中还存在哪些问题或不足？如何重新设计社会组织扶持政策体系？如何改进社会组织发展扶持政策实施的有效性？

显然，上述问题也许不能完全直接从图 1.1 的网络结构模型中获取答案，但这一逻辑模型无疑会为解释以上基本问题提供十分重要的参考或启示。首先，政府之所以需要扶持社会组织的发展，是因为如图 1.1 所示，大量的社会组织在其发展过程中会陷入一种恶性循环。如社会组织发展的恶性循环陷阱逻辑：由于资金缺乏、组织规模小、机构设施资源和专业人才不足，以及员工薪酬低引起的工作激励或效率低下，目前社会组织服务的能力及其服务的质量普遍不高，于是，社会组织的品牌效应、社会公信力或认同感比较低，从而导致政府和社会对社会组织的需求意愿或购买规模和支付价格不高。这样，社会组织的收入也相对比较低，而较低的社会组织收入又进一步加剧了其资金缺乏和员工薪酬过低的问题。这种恶性循环会随时间的动态推移而不断强化或出现所谓的路径依赖问题。所以，政府需要介入以打破上述社会组织发展的恶性循环。

其次，哪些社会组织需要政府重点扶持？显然，一方面，政府会倾向于对社会影响最大或公众呼声最高的社会领域进行扶持；另一方面，这个基于系统动力学模型构建的网络也会提供决策依据，即社会组织发展的恶性循环最严重的某些领域或社会组织，如精神卫生服务的提供（专业化组织数量少、缺乏专业的社会工作者与服务设施等）或许就值得政府特别关注。

最后，关于社会组织发展的动力模式，系统动力学模型就是一个描述政策系统内部动力机制的强有力的工具。图 1.1 清楚地描述了社会组织内在动力机制如何确保其内部系统的各个子循环形成正向反馈运转机制，即大量的社会组织会增加竞争性，从而提升社会服务的质量与品牌，于是再吸引更多的社会组织产生或者增加社会组织的收入,以改进员工专业化水平与资源设施的投入,从而增加社会组织的服务能力,最终又再次提高服务质量与组织影响力。一旦上述正向反馈机制得以确立,那么社会组织发展的动力机制就能有效地运转了。

　　此外,如何扶持社会组织发展以及如何改进社会组织扶持政策实施的有效性呢? 从图 1.1 可以看出,扶持社会组织的发展应当以提升社会组织的服务能力与创造有价值的社会服务为目标。在干预策略上,政策工具的设计应充分考量如何打破社会组织发展的恶性循环陷阱,特别是修复组织发展的动力机制。因此,干预的措施应当注意系统性与针对性,侧重于化解政策系统内部的薄弱环节,并将其作为政策干预点。

三、 基于生产服务流及其行动者关系的政策网络

　　生产服务流网络一般是由生产者或服务提供者、需求方、支付方以及监管者等行动者组成的相互之间的关系网络,对社会组织而言,作为购买服务一方的政府常常是重要的资源支付方,而作为特定受益对象的公众则直接享有或消费社会组织所提供的社会服务,如义务教育(或学前教育、职业培训等)、养老照料、基本医疗卫生服务、救助收容、上访矛盾调解服务、残障失能人群的康复等。有些服务接受者可以完全免费消费社会组织的服务,而更多的公众则会支付部分费用。由于作为消费者的公众支付的费用并不能完全弥补其运行或供给成本,社会组织通常还依赖政府购买服务资金或其他财政补贴以及社会捐赠等收入渠道。图 1.2 比较直观地描述了上述行动者及其相互之间复杂的关系模式。不过,考虑到信息不对称与交易成本等问题,服务提供型政策网络中不同行动者之间

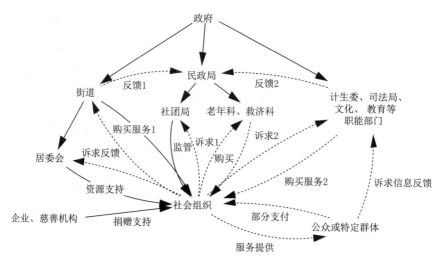

图 1.2　基于生产服务流及其行动者关系的政策网络

的契约关系适用于威廉姆森意义上的治理机制分析模式。对行动者之间的交易关系的界定或分析需要综合多个维度，如交易频率、资源的依赖性或专用性投资、机会主义等。

一个典型的案例：相对于城市社区而言，作为农村义务教育服务的提供者，乡村中小学教育质量下滑并不能转化为农民所轻易感知并提出投诉抗议的政治压力，而信息不对称下的教师激励扭曲也会弱化作为监管者的教育部门对其职责的履行。于是，从议题网络来看，在义务教育所涉及的有代表性的四大议题［教育技术设施、教育理念模式（应试导向还是素质导向）、教师激励问题以及学费水平问题等］中，教育资源的投入明显倾向于监督或交易费用比较低的两个议题，即教育技术设施与学费减免，而对监督计量成本相对比较高的教师收入激励与教育理念模式所投入的资源则显著不足。这表明，政策网络中服务提供过程涉及的服务性质或行动者之间的交易关系特性内在地决定了政策资源的流向和流量的大小。

相对而言，生产服务流网络中的集体行动或合作互惠关系显得尤为突出或重要。网络中的每个行动者不仅会从合作中获得收益,而且会通过与其他利益相关者合作,来更好地实现政策目标(Deleon et al.,2009)。任何社会组织都难以实现资源的自给自足,因此需要通过与外界环境建立某种关系互动模式,以稳定地获取所需要的资金、技术与政策支持等资源。于是,在长期的关系互动中,不同的行动者之间识别并确立各自的角色、位置与策略,以至于每个行动者都十分清楚网络中的规则,并且遵守某种互惠或合作式的策略,这对于每一方乃至政策系统的整体目标都是有益的。如图 1.2 所示,为社区公众提供某种服务的社会组织不仅需要维持与作为客户的公众之间的良好关系,而且还需要应付并经营好与政府职能部门以及企业、慈善机构的合作关系。当公众认同与重视社会组织服务的价值,其产生的社会影响或居民满意度信息会反馈给政府部门,这无疑会影响对社会组织的评价以及对以购买社会组织服务等扶持方式的相关政策的决策。

　　上述合作与互惠关系不仅体现在政府-社会组织-公众之间的关系网络之间,也同样反映在企业/慈善机构-社会组织-公众的网络关系中。很显然,当企业或慈善机构、基金会发现其捐赠或投入的资金或资源得到适当的运用并产生了良好的社会价值时,这些社会组织及其外部的合作伙伴都会从中受益。可以预见,在政策网络中,所有的行动者之间的合作互惠式关系稳定与正式到一定的程度,成员之间的信任关系也一定会随之自发地形成。而行动者之间的信任关系一旦形成,又会反过来强化其成员进一步遵守规则和运用互惠合作策略的激励。

　　当然,对于图 1.2 所示的行动者生产服务流网络,我们在此仅仅涉及和讨论了其中水平层面的行动者之间的关系模式,还没有提及政府核心决策者与其下属职能部门乃至社会组织之间的纵向垂直关系。虽然政府部门间的关系将是下文讨论的另一种网络形态,但需要指出的是,无论水

平还是垂直的行动者关系模式,都高度依赖于互惠合作策略及信任关系
的维系。

四、 基于政府间关系的政策网络

政府间的政策网络常以政府职能部门作为行动者构造的协同或垂直
关系模式,以确定政策决策与实施监控中不同行动者的角色及职能边界。
但是,由于不同政府职能部门在有关政策领域的责任边界很多时候难以
清晰界定,这些行动者之间存在一定的责任模糊地带,而这正是政府间政
策网络所特别侧重与关注的地方。比如对社会组织的业务监管,一般笼
统地由民政部门负责,但涉及特殊的领域,如医疗卫生、人口生殖健康等,
则卫生与健康部门也会负有监管职责。于是,对同样的卫生健康服务领
域,民政部门和卫生与健康部门应该如何划分监管责任以及如何协调行
动就十分重要。

政府间的政策网络事实上是由很多具体子网络重叠复合而成的政策
共同体,这些政策子网络包括政策决策权力网、政策资源预算网、业务协
调网、政策协调网、购买服务监管网以及知识扩散研究网等。这里仍然以
社会组织发展扶持政策为例,如图 1.3 所示,每一个子网络都有一个行动
者中心,如发展和改革委员会(以下简称“发改委”)和社会建设办公室分
别作为政策协调网络与业务协调网络的牵头部门,而财政局则是财政资
源预算和配置分配的中枢机构,区或市政府领导层无疑是整个政策决策
的网络权力中心。当然,民政部门虽然是社会组织监管网络的中心,但对
政府购买服务网络而言却并无一个明确的中心机构。于是,从跨政府部
门的政策决策网络系统来看,这是一个典型的多中心的信息、权力与资源

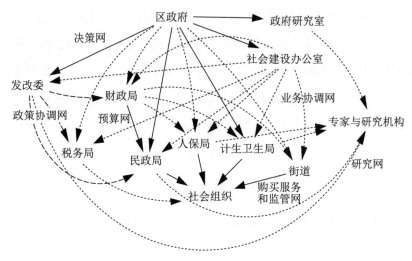

图 1.3　基于政府间关系的政策网络

交互作用的网络系统,这些政策集网络形成的强有力的信息/权力/资源流于一体,通过民主和权威的平衡机制,推动政策共识向政策行动转变。

社会建设办公室的设立无疑提升了政府间政策网络的紧密性程度,在此之前,不同政府部门之间的联系是松散与不确定的,缺乏协调的中枢机构。但是,政府间的政策网络的松散性问题依然存在,不同职能部门所拥有的关于政策议题的专业知识和信息存在巨大的差异与不确定性,由此形成的政策偏好与判断也不尽相同。如对社会组织扶持的相关补贴问题,对于民政部门而言,社会工作者专业人才补贴、社会组织运行的场地租金补贴等似乎是顺理成章的,但却未必能获得财政部门的认可,后者不仅要考虑补贴资金的来源与可持续性,而且也要考虑财政补贴资金运用的有效性。同样,对社会组织的非营利业务投入是否应免征或减征相关税收问题,税务部门与民政部门有时也会存在类似的分歧。

此外,长期以来,有关社会组织扶持政策问题一直由民政部门牵头负责,那么当现在由社会建设办公室牵头协调,并且发改委也发挥越来越重要的作用时,如何协调社会建设办公室、发改委与民政部门在社会组织发展上相关政策的行动策略的问题将变得十分突出。在这三个部门中,发改委拥有很强的实际的政策决策权,民政部门则拥有对社会组织发展的相关信息与强大的专业知识权力,而社会建设办公室却似乎缺乏行政决策权与专业知识权,其对不同部门的协调能力无疑就大大弱化了。因此,政府部门间的政策网络关系因其权力关系的复杂化而面临运转的高度不确定性。

五、 基于政策议题的政策共同体与工具选择网络

政策利益相关者持续沟通,形成了政策议题网络,且该网络通常也是开放的。从政策议题到议程建立的过程可以看出,作为一个集合众多参与者之间的博弈,其中每一个行为者具有他/她自己对问题的性质的看法,这些看法将会影响到所需解决方案的产生和议题网络中其他行动者的角色(Heclo and Hugh,1978)。相对政府间网络或生产服务流网络而言,政策议题网络更加松散。由于政策议题的多样性以及动态可变性,对任何议题都感兴趣并予以关注的行动者也同样不稳定和有限,有些行动者会同时对若干政策议题进行关注,而有时其感兴趣的关注点还会从某个议题向其他政策议题转换。当然,考虑到这些政策议题之间是相互关联的,因此,与议题相关的行动者之间也一定会存在一定的联系甚至相互依赖性,这构成了政策议题网络。

不过,议题网络视角引发了一系列的研究问题。首先,如何确定或划分精炼政策议题的类型?不同的相关政策议题的类型是否可以穷尽?哪些政策议题在政治上可以获得优先性,或者说如何判断政策议题的优先序?如图1.4所示,有关政府对民间组织发展扶持政策的议题可以分别

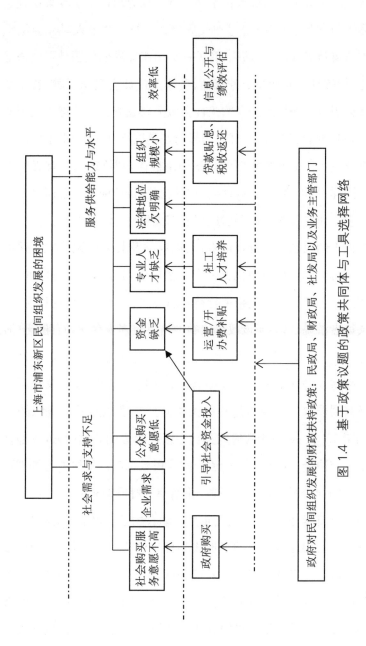

图 1.4　基于政策议题的政策共同体与工具选择网络

从社会组织服务需求与服务供给两个视角划分出许多子政策议题。如从社会需求与支持来看,政府、企业、基金会以及公众个人对社会组织服务的需求与支持尚显不足,那么,有关社会组织需求的议题是否应该更进一步细化、精炼到政府购买服务议题、企业扶持社会组织议题、公益基金会购买社会服务议题以及公众购买社会服务议题等?其关键还是观察不同的子议题是否能够形成独立的、边界清楚的网络社区,如果不同的子议题和上级议题大体上共享相似的政策网络群体,则议题就没有必要不断地细化。同样,从供给侧来看,社会组织的服务供给能力议题似乎也可以细化为社会工作专业人才议题、社会组织法律地位议题以及社会组织规模与效率低下的议题等。直观地看,政策议题及其子议题的划分并不是越细越好或可以无止境地细化。一个议题应该划分到这样的位置,即议题足够清楚与可视化到引起相关行动者的关注、讨论与协商的程度,甚至向政策决策者游说,这表明该政策议题网络不仅客观存在,而且十分活跃。

那么,是否每一个政策议题都会存在一个开放的、多元的行动者互动网络?哪些议题网络更活跃或影响力更大呢?显然,政策议题网络存在与否及其强弱取决于政策过程的民主开放程度以及社会组织的发达状况。如图 1.4 所示,对于政府购买社会组织服务的议题而言,各种社会组织包括老年协会、群众团体、街道与政府民政部门以及居委会等都可能对某些类型的社会服务需求感兴趣,并期望和呼吁政府承担一定的财政资金的购买支持责任。当然,以上相关行动者的互动可能十分松散,也有可能在某一核心倡导者的推动下形成某种集体行动,从而以人大代表或政协委员的政策提案的形式扩大其议题网络的影响力。类似地,在有关社会组织服务供给尤其是专业社会工作者缺乏的议题中,社会工作者协会或社会工作者相关的研究机构及其专家则可能推动一个议题网络的形成和发展。

此外，政策议题与问题解决方案或政策工具的匹配性如何？针对任何一个政策议题，有哪些可行的解决方案或政策工具可供选择？针对以上任何一组"议题-政策工具"的匹配组合，可以获得政治上支持的行动者有哪些？这些问题的提出客观上已经超出了罗茨和马什的议题网络的概念范畴了，我们这里将政策共同体、工具选择与议题网络联系"捆绑起来"，目的是提升政策议题网络的解释能力，这尤其对政策议程设置等过程具有非常强的操作意义。①可行的解决方案或政策工具选择问题可以在议题网络中进行长期的讨论、沟通和交流，从而对解决某些特定议题的方案或工具选择形成某种共识。当然，有些时候，对某个政策议题会有不同的解决方案或工具，而每一种解决方案或工具背后都有各不相同的行动者的支持或倡导，于是，这时的议题网络就会出现一定程度的紧张和冲突。不过，在议题网络中，无论是共识或冲突，这些有关政策议题的话语最终都有可能进入政策核心共同体的讨论议程，也有可能进入不了该政策共同体。虽然这与政策议题网络中的倡导者或反对者的力量或影响力有关，但政策决策和制定过程显然受到更多因素的影响从而变得更加复杂，其决策过程也并不必然被议题网络中的话语所左右。

六、 结论与讨论：政策网络的多重面孔

以上讨论了政策网络的几种常见的分析模式，即政府间网络、生产服务流网络、议题网络以及基于系统动力学模型的网络，这几种模式之间的

---

① 批判者可以不认同笔者的这种处理，将议题网络和政策共同体合并起来，这个网络类型已经变成某种复合型网络，而不再是纯粹的议题网络或政策共同体了。笔者坚持做这样的整合和修改，主要目的是提升政策议题网络在中国政治实践中运用的可操作性。

关系与差异已在表 1.1 中列举出来。这里仅仅就政策网络分析中的几个关键问题展开讨论。

网络结构是松散的还是严密的,与网络行动者之间交易的频繁度和信息分享的稳定程度密切相关。一般而言,根据格兰诺维特(Granovette)的理解,联系持久密切、高频率互动以及互惠的多重关系就是强连接;而联系短暂、低频率互动、非对称互惠的单一关系就是弱连接。从互动频率与联系的持久性来看,生产服务流网络通常要比政府间网络、议题网络更频繁,联系强度也更高,但这并不能推导出生产服务流网络就比政府间网络或议题网络产生更有效的政策行动或效果。严格地说,对生产服务流网络、政府间网络与议题网络的划分是基于观察与分析的视角及其着力点的差异做出的,因此,其不同的网络结构模式甚至还存在一定的互补性。如本讲对社会组织发展扶持政策的讨论,就可以同时运用上述多个政策网络模式从不同视角进行解析。

关于网络结构主义与行为主义的区分,网络的结构性特征与网络中行动者之间的行为关系哪一个更重要? 政策网络分析应该更重视网络内部逻辑结构特征,还是更侧重于网络的行动者间策略性行为的分析呢? 从结构主义来看,政策网络的内部结构是如何构成的以及结构的边界在哪里值得关注。显然,哪些因素或变量应当被纳入网络结构分析,学者之间并没有就此达成一致的看法。一般而言,行动者以及行动者所依赖的资源是政策网络结构中必不可少的核心变量。但是,政策议题所涉及问题的性质、行动者博弈或资源分配的规则,以及政策工具的选择甚至价值、文化与环境等因素也经常被纳入政策网络的结构分析。如在本讲讨论的四种网络模式中,政府间网络与生产服务流网络大体上以上述行动者或组织间的交易关系包括其拥有的资源优势为核心,议题网络则以政策问题、工具选择与行动者策略的匹配作为关键点。而系统动力学网络则显示出与一般以行动者为中心的网络结构十分不一样的结构模式,其以政策系统内在的因果交互作用循环的逻辑模式作为网络结构的主体。显然,这种网络结构吸纳了更多的变量因素,包括内部的和外部的。

关于静态网络分析与动态网络分析,政策网络系统本身是不断变化的,其变化的原因或动力既可以来自政策网络或系统内部的结构性因素变化(包括行动者数量、关系以及其资源的依赖性变化),也可能来自网络外部的干扰因素,如罗茨和马什(Rhodes and Marsh,1992)所强调的经济、意识形态、政治与知识等。虽然政策网络客观上具有变化的动态性,但分析政策网络的方法却有可能是静态网络分析模式,也有可能是动态网络分析模式。本讲讨论的政府间网络与生产服务流网络都有静态网络分析特征,即对于网络结构中不同行动者之间的交易关系或策略性行动的分析,并没有充分考虑政策网络或系统随时间的推移而不断发生变化的特征。但相对而言,系统动力学模型则具有明显的动态网络分析特征,即基于政策系统动力学模型构造的网络结构变量都具有随时间变化而变化的动态特征,其动态性是该网络模型的核心特征。

最后,关于政策网络的效果与政策网络之间的关系问题。政策网络到底可以发挥什么样的作用和功能? 政策网络对政策效果会产生影响吗? 其作用的机理是什么? 政策网络的结构性特征无疑会影响和决定网络的效果(Rhodes and Marsh,1992),但是,不同的网络分析模式对政策效果的考虑程度是不一样的,对于系统动力学网络模型,其政策效果和政策网络结构或系统之间的关系是直接内生于模型的,也就是说,网络系统的结构决定网络效果,而网络效果反过来同样会影响和决定网络的结构特征。对政府间网络和生产服务流网络而言,其网络结构对网络效果的影响或作用不能在分析模型中直接反映出来,其网络效果只能通过交易的技术性特征进行分析和推断,而网络效果对网络结构的反馈效应也不能轻易推导出来。至于政策议题网络,由于网络的结构性特征侧重于对政策问题或议题的关注或考量,其侧重于为各个议题寻求相应的可供匹配的政策工具,所以,议题网络也不能分析政策网络的效果及其与网络结构的交互作用关系。

本讲讨论提纲

1. 什么是政策网络?

2. 界定政策网络性质的关键变量或维度是什么?

3. 如何对政策网络进行分类,或者说政策网络分析常见的模式有哪些?

4. 不同的政策网络分析模式各有什么特点,它们的区别是什么?

5. 这些网络分析模式对于理解公共政策过程具有什么样的理论价值?

6. 关于政策网络的效果与政策网络之间的关系问题,政策网络到底可以发挥什么样的作用和功能? 政策网络对政策效果会产生影响吗? 其作用的机理是什么?

7. 关于网络结构主义与行为主义的区分,网络的结构性特征与网络中行动者之间的行为关系哪一个更重要? 政策网络分析应该更重视网络内部逻辑结构特征,还是更侧重于网络的行动者间策略性行为的分析呢?

8. 静态网络分析与动态网络分析存在何种区别? 政策网络系统本身是不断变化的,其变化的原因或动力是什么?

参考文献

Atkinson, Michael and William D. Coleman, 1989. "Strong States and Weak States: Sectoral Policy Networks in Advanced Capitalist Economies," *British Journal of Political Science* 14, 1:46—67.

Atkinson, Michael M. and William D. Coleman, 1992. "Policy Networks, Policy Communities and the Problems of Governance," *Governance* 5, 2:154—180.

Benson, Kenneth J., 1982. "A Framework for Policy Analysis," in Rogers, D., D. Whitten, and Associates (eds.), 1982. *Interorganizational Co-ordination: Theory, Research and Implementation*, Ames, Iowa: Iowa State University Press:137—176.

Heclo, Hugh, 1978. "Issue Networks and the Executive Establishment," in King, Anthony (ed.). 1978. *The New American Political System*, Washington D. C.: American Enterprise Institute:87—124.

Jordan, Grant and Jeremy J. Richardson, 1983. "Policy Communities: The British and European Style," *Policy Studies Journal* 11:603—615.

Jordan, Grant and Klaus Schubert, 1992. "A Preliminary Ordering of Policy Network Labelling," in Jordan and Schubert (eds.). 1992a. 7—28.

Jordan, Grant and Klaus Schubert (eds.), 1992a. "Policy Networks," *European Journal of Political Research*, Special Issue, 21, 1—2.

Marsh, David and R. A. W. Rhodes, 1992. "Policy Communities and Issue Networks. Beyond Typology," in Marsh, David and R. A. W. Rhodes (eds.). 1992a. 249—268.

Peterson, John, 1992. "The European Technology Community. Policy Networks in a Supranational Setting," in Marsh and Rhodes (eds.). 1992a. 226—248.

Rhodes, R. A. W. and David Marsh. 1992. "Policy Network in British Politics," in Marsh and Rhodes (eds.). 1992a. 1—26.

Rhodes, R. A. W., Ian Bache, and Stephen George, 1996. "Policy Networks and Policy Making in the European Union: A Critical Appraisal," in Hooghe, Liesbet (ed.). 1996. *Cohesion Policy and European Integration: Building Multi-Level Governance*, Oxford: Oxford University Press:367—387.

Rhodes, R.A.W., 1990. "Policy Networks. A British Perspective," *Journal of Theoretical Politics* 2, 3:293—317.

Wilks, Stephen and Maurice Wright (eds.), 1987. *Comparative Government-Industry Relations: Western Europe, the United States and Japan*, Oxford: Clarendon Press.

Williamson, Oliver E., 1985. *The Economic Institutions of Capitalism*, New York: Free Press.

第 2 讲
理解政策网络结构-行为-效果的辩证方法

　　本讲将要讨论理解政策网络结构-行为-效果的辩证方法,主要围绕马什和史密斯的文章展开。有关政策网络分析大体上有两种范式,一种是基于微观行为主义的合作博弈分析的网络模型,该模型反映了前文所讲的网络的性质和结构,包括作为行动者的"点"的性质和点与点之间的行动关系,而另一种则是以马什和史密斯为代表的对网络的整体性结构主义的分析,本讲所要探讨的实际内容正是政策网络的形态学及其相关的解释。前一讲是政策网络的微观部件,而本讲则是对网络形态整体层面进行讨论的一种辩证方法。从系统动力学上理解,这种辩证方法事实上是变量上的交互关系,两个变量会持续地相互影响并且随着时间推移而不断变化(赵德余,2019)。从哲学角度来看,政策网络分析包含的理念就是用一分为二以及交互作用的视角看待相关问题,即既包含机制作用的正面和负面影响,又关注一种变量 A 本身对其他变量如 B 的影响和其他变量 B 对其本身 A 的反作用。而马什和史密斯的这篇文章其实并没有更多地涉及前一种辩证方法,而是更多地谈及两个变量之间的交互关系。如何对网络形态结构学进行分析,可以说马什和史密斯为解决该问题提供了一种基准方法。

　　当把马什和史密斯网络模型看作一种理想模型时,我们需要回答两个问题：第一，理想模型需要有一系列的假说来支撑，如果对假说条件进行任何形式的放松，其就会成为"理想模式"的一个变体；第二，与各类新变体模型相比较而言，理想模型仍然具有特殊的参照系价值，而新的模型一般却不足以成为一个理想模型或发挥参照系价值。于是，支持马什和史密斯辩证模型的理想模型假说条件是否能够成立？回答该问题的关键是比较马什和史密斯与伊万斯政策模型哪一个更具理想模型的特征。这个问题就类似于当初的"日心说"和"地心说"一样，没有所谓的对错，只是参照系不同而已，只能说日心说相较于地心说来讲更为有效方便。接下来具体来讨论马什和史密斯这篇文章的精彩之处，一是对政策网络模型及其合理化的建构，二是对运用模型解释具体案例方面极为严谨的解释。该政策网络分析模型的精致又体现在什么地方呢？这是本讲需要深入思考和讨论的。

一、 网络结构和行动者以及行动代理人的互动关系

马什和史密斯政策网络模型假说：如果将政策效果作为因变量 Y，而核心的自变量网络结构和网络互动分别定义为 X_1 和 X_2，则 $X_1 = X_1(X_3, X_4, Y)$，$X_2 = X_2(X_3, X_4, Y)$。其中，X_3 为行动者的资源，X_4 为网络情景或环境。于是，可以得出：

网络效果 $Y = F(X_1, X_2) = F[X_1(X_3, X_4, Y), X_2(X_3, X_4, Y)]$

马什和史密斯政策网络模型的核心假说可以刻画为：政策（网络）效果不仅反映了网络结构和网络互动之间的互动效应，而且其自身的效果水平状况还由网络结构和网络互动分别影响和决定。当然，网络结构和

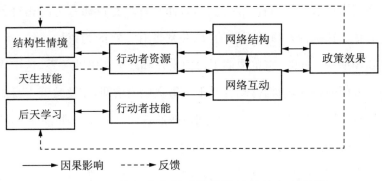

图 2.1　马什和史密斯政策网络的结构主义模型

网络互动分别与行动者资源、行动者技能以及网络效果等因素交互作用，其中政策网络的辩证特征正是通过这些变量之间的交互作用加以反映的。

(一) 政策网络与参与行动者的区分

　　根据之前所讲的政策网络结构的概念来理解政策网络如何与参与的行动者分开这个问题其实难度并不大，之所以需要探讨这个问题，是因为不同研究者对于政策网络的概念定义皆不相同。例如此篇文章提到，网络作为代理人时，是涉及信仰文化和特定行为的制度化规则。①网络对成员及其行为进行制约或提供机遇，虽然政策网络是一种政治结构，但并非一成不变。而政策网络结构是一种政治性的关系，其行动本身是带有政治意图的一种交易关系。当概念涉及信仰/价值文化和特定行为时，马什等人对于网络的理解和通常意义上对于网络的理解是有差异的，他们不

---

①　马什和史密斯这篇文章提及超越结构对代理机构的作用，此处的代理人就代表通常所说的行动者，并不包含其他的特殊定义。虽然在其研究的案例中，将代理人定义成行政部门的代理人，但在实际网络情形中，代理人必然包括专家学者、农民联合会等非政府部门组织。故而在理解此处的代理人时，不能将其简单地理解成政府机构的代理人，而是要将其理解成我们通常所说的行动者。

仅仅将网络理解为行动者之间的关系,而且理解为行动者之间相对制度化的关系。这两种解释是不同的,该关系带有一定的约束性、稳定性、可靠性和预期性。同时,它也强调了价值文化和政策网络的关系,这实质上是两个方面的内容,包括行动者对于价值文化的信仰,以及政策本身的价值即带有政策目标的政策价值/规则。按照这两个层面来理解的话,我们可以认为政策网络一方面包括政策的目标和价值,另一方面包含行动者相对稳定的制度化关系。总体来看,网络并非一种飘忽不定的事物,而是具有一定确切的、皆有所指的目标、价值和关系等。关于政策网络的形状和规则,网络形状包含了对问题的对策和范围,这就是所谓的网络形态学(包含网络的范围)。网络规则是指网络成员行为的规范,其类似于行为的制度化。而马什和史密斯对于政策网络结构的定义可以说十分明确,并指出政策网络应该包含多重含义,包含网络的价值、制度化的行为以及网络的形态和规则等要素(Marsh and Smith,2000)。因此,这个定义就十分清楚地将政策网络和行动者区分开来了。行动者之间除了制度化的关系,还包括非制度化的关系,又包括策略性的交易关系等。政策网络包含的制度化的关系和行动者非制度化的关系是有区别的。

(二)网络结构对网络代理人的影响

从这篇文章中可以得出,政策网络对代理人的行为具有制约性,网络的环境不仅为成员的行为提供了机会,而且还会形成一定的约束。这是可以从文章中直接得出的,此外,我们需要将这个问题与政策网络结构和内涵联系起来理解。

第一,网络规则会影响成员的资格。规则会对成员的身份有所影响,既规定哪些人可以被允许进入或退出,又规定成员的行为准则即规定成员可以做什么或不可以做什么。例如马什和史密斯文章中提及的英国农业共同政策中早期的财政部、农业政策委员会、农民联盟委员会、环保主义者等,这些政策网络/组织就规定了网络成员的准入原则。对早期的政策决策系统而言,一般的行动者是无法进入的,并且准入的准则是极其单一明确的。例如欧洲转基因政策的准入原则强调安全质量的重要性,这一准入原则会影响行动者的行为。

第二,政策目标会对行动者有明确的导向影响。其引导性影响主要体现在政策共同体中执政党的派别类型,不同的执政党会对政策的价值文化或风格有很大的影响。例如美国在共和党执政时,政策制定会更倾向于保护农场主利益,增加对农场主的农业补贴。相反,在民主党执政时,会更加强调公平平等的价值文化。这些价值文化决定了哪些行动者会进入农业相关政策共同体。

第三,政策网络形态会影响问题和对策的范围,网络具有设定政策议程的作用,相对紧密的政策网络具有更大范围的共识性。网络形态包含了网络的边界和范围,规定了在这个范围内的行动者何者为中心,反映了网络形态的结构特征,即网络结构是扁平的还是科层制的,或者是单中心的还是综合多中心的。政策网络形态直观上意味着在网络中的话语权是不一样的。如果网络结构是单中心的,则中心行动者的偏好会直接决定其他行动者的诉求是否能成功进入网络议程。但当网络结构是扁平的,各行动者就都有相对平等地进入议程的机会。因而,我们需要重视网络结构中话语权配置系统是扁平还是垂直抑或是科层的。如马什和史密斯这篇文章所提及的,英国早期农业组织被多个组织操纵,因而它的政策结构更加科层和垂直,而当英国加入欧盟之后,其农业政策网络变得更加多元化,而这种多元化也并非一种理想的形态。此时的农业组织还要考虑其他更多组织的利益,包括考虑欧盟成员国其他行动者的利益。这表明政策网络结构的形态发生了变化,网络结构变得更加复杂且网络边界拓宽了,各个行动者在政策网络体系中的影响力都有一定程度的削弱。

第四,网络制度化的行为让行动者和行动者之间形成了一种稳定的关系。网络结构中的多元文化使行动者达成一种共识,从而自发地形成一种稳定的关系。

(三) 行动者对网络结构的影响

按照政策网络关系,在如图 2.1 所示的关系模型中,政策网络和行动者是相互影响的。政策网络结构对行动者产生影响,反过来,行动者也会对政策网络结构产生一定的影响。通过马什和史密斯的文章可知,主要影响有以下几个方面,第一,网络成员的利益和特惠不仅仅是由成员的身份决定的。例如,不同成员之间有相对的利益,每个成员可能受多个身份制约。可以这么理解,不同成员都在追求个体利益的最大化,而利益本身又受到该成员和其他成员之间关系的影响。这是由网络成员间的相互依赖性造成的,不仅仅取决于自身的行为决定,即通常所说的合作共赢或相关利益博弈的均衡。第二,行动者能否捕捉到网络提供给自己的资源和机会,取决于其对网络资源的利用能力,即行动者对网络结构中其他成员的影响程度取决于其自身的策略性行为。第三,网络成员拥有对付其他资源的能力,行动者搜集和利用资源的能力会影响网络结构中资源利用的有效性。

以上三点只是行动者可能对网络结构产生影响所包含的要素,并没有直接触及行动者对网络产生哪个层面的影响。所以,在分析该问题时,应该从网络结构的层面出发,这样来看,行动者对网络结构产生的影响是简洁明了的。首先,行动者的文化价值观念会影响到网络的价值和目标,如国外许多政府对中国政府实施的反倾销策略。国外的相关生产者因利益受损而会向其国会提出诉求,促使国会出台贸易保护性政策。其次,行动者形成的稳定关系会转换成约束其行为的制度化规则。最后,行动者加入或退出会影响政策网络的结构,而行动者的谈判和妥协的结果形成了政策网络的规则。总之,无论是何种解释,行动者和政策网络之间的相互影响是一一对应的。我们必须承认,代理人和其相关的政策网络结构所依赖的资源并非固定不变,代理人做出政策选择谈判也会打破网络结构。

二、 网络情景、网络互动、网络结构与网络效果

网络情景实际就是网络环境,一般而言,值得强调的网络情景因素涉及经济状况(网络所处的经济环境)、政治环境、意识形态和社会科学知识等诸多方面。例如第二次世界大战时期英国出台的农业经济政策就深受战后经济萧条的环境因素影响。不同的经济环境(平稳、萧条、高涨)会造成一定时期宏观政策出台的导向性,这就可以解释为什么有些重大的改革政策往往出现在经济大萧条或政治社会动荡时期。意识形态也会影响相关政策的出台,例如反法西斯时期,全世界出台的政策都是与抵抗极端主义有关的,如中国国内的国共合作以及统一民族战线的形成显然受到外部侵略的生存环境压力所驱动(毛泽东,1936)。再比如,在特朗普执政时期,美国国会就取消了奥巴马时期的反贫困政策、医疗卫生政策与移民政策,转而支持极端保守主义,并赞同市场占主导地位的国内经济走向(尹哲,2018)。社会科学知识的发展也会影响当时的政策制定,如在中国,从计划经济时代到改革开放时代,人们对市场经济的认识愈发完善,纠正了对资本主义的认知偏差,进而国家出台了许多大力发展市场经济的优惠补贴政策(吴敬琏,1999)。可见,以上这四个要素定义了政策网络的情景。

（一）网络情景变化和政策网络之间的关系

在明确了网络情景的相关概念后，我们对网络情景的变化和政策网络之间的关系也有了清晰的认识。同样地，通过深入分析网络情景的四个要素，我们可以进一步理解，在政治结构中，占主导地位的利益集团出台的相关政策就会为该利益集团服务，政治影响了政策的利益倾向。如特朗普上台后废除的一系列法案都是为了服务于背后支持他的利益集团。在意识形态方面，执政党的左/右倾向必然会影响政策出台的意识形态的倾向性。在经济环境方面，经济大萧条时期的政府会出台积极的经济刺激政策鼓励民间资本的投入，而相关的非营利组织的发展就会陷入困境。科学文化知识同样也会影响政策设计的科学性与有效性。因此，从这四个要素分析，我们对这两者之间的关系有了更加清楚的认知。同样地，政策网络也会对网络情景有所影响，即政策的制度化形态与价值规则如何塑造特定情景中的意识形态及其经济社会科学知识。从上面的例子可以看出，特朗普出台的相关政策显然是为美国利益服务的，而美国优先的原则影响该国意识形态的走向，这种行为背后的理论观念被称为"特朗普主义"。特朗普主义还使得全球许多的联盟组织发生了新的变化，形成了一种新的意识形态。我们最终也可以发现，网络规则是网络行动者博弈的结果。

（二）政策效果及其影响因素

政策效果会影响网络成员结构的变化，我们需要思考的是政策效果/期望的目标与最终呈现程度之间的差距是什么？比如教育政策、医疗政策与房地产政策的真正效果是什么？网络效果是对政策效果或期望目标最终实现程度的测量，当然，也是对政策实施过程中存在种种问题的归纳。没有政策目标就没有网络效果,期望目标实现的程度就是网络效果。比如,就教育政策目标而言,教育政策效果绝不单纯以高考入学率的高低水平作为衡量标准(不能说高考入学率高,中学教育政策的效果就好),这绝不是教育政策追求的最终或唯一目标。而真正的政策目标首先应该是让高等教育惠及更多的民众或给更多的人提供高等教育的机会,即教育机会的普及性。其次,教育政策目标还包含教育机会的公平性,即接受高等教育的人群在户籍、性别、收入阶层与所在区域的相对公平性。最后,教育政策目标还指教育质量高低的地区性公平,如在接受高等教育的人群中,进入 985 高校学习的人群的区域分布合理性。通过相关的量表数据分析可以发现,政策实行过程中的教育的地区公平性存在一定的问题,所以,政策的效果是由政策的目标确定的,而政策的目标是由问题的严重性决定的。

通过政策效果和目标之间的关系讨论,可以知道影响政策效果的因素包括政策目标的优先性、政策资源的投入性、政策执行的力度、不同行动者之间配合的行动性和协作性、社会文化、网络形态、网络效果,等等。如在扶贫政策系统中,不同行动者的配合度直接影响资源的配置效率、贫困人员确定的准确性。而网络形态直接影响有效资源是否分配到最需要的人身上,这一切都会影响政策效果。再比如教育资源配置中,政策的价值目标的优先级会随政策效果进行调整和改变,一般会优先考虑教育资源或机会配置的公平性。当教育惠及大多数人群时,政府才会更多地考虑素质教育或质量及其效果乃至公平等重要性,这就是政策目标的优先性体现。

(三) 网络互动与网络结构之区别

行动者的资源、技能、网络结构及其效果都会影响到网络互动。网络结构和网络互动异曲同工,共同作用于网络效果,可以说是影响网络效果的两个作用力。这里讲的网络互动虽然与网络结构有相同之处,但本质上是有区别的。前文讲到,网络结构是行动者和行动者之间的交互关系,但这里的网络互动并不能从这个方面来理解,需要和之前所讲的网络结构进行区分。此处的网络结构(和第 1 讲所讲的网络结构也并不是同一个概念),在马什和史密斯的文章中已经成为政策网络模型的一个变量,所以,网络互动的概念也随之改变。这里的网络互动不能单纯地理解成行动者之间的关系,而应该理解成网络模型中核心因素的互动关系。当然,可以直观地看,网络互动应该包括三层含义。第一层含义是,行动者本身和结构系统之间的互动关系;第二层含义是,情景和网络的互动关系,即情景与网络结构互相影响;第三层含义是,网络效果和网络结构的互动关系,但这一层互动关系是有待商榷的。如果这层含义成立的话,那这两者之间的关系就和网络互动重叠了。如果把政策效果看成一个研究变量的话,就会面临许多的问题。这是我们需要仔细思考的部分,也是这篇论文中作者疏漏的部分。这篇文章通篇没有提及网络互动的定义。我认为网络互动最好的关系应该是行动者之间的互动关系,网络结构是行动者关系的总和。网络互动是网络结构内部的何种要素或行动者之间的互动,还是模型中不同子变量的交互作用?这一点并未得到清楚界定(没有准确地解释网络互动的定义)是这篇论文的不足之处。

当把网络互动定义为行动者之间的关系时,网络结构又是什么呢?网络结构不也是行动者关系的总和吗?那如何区分这两个概念呢?注意,此处的网络结构并不是我们在第 1 讲定义的概念,而是包含价值目标、制度化行为、网络形态和网络规则的总和。因此,我们在理解网络互动时需要排除制度化关系这一要素,即双方已经形成的制度化的关系不能成为网络互动,而是成为行动者之间策略性的行为关系。这样这两个概念就很好地区分开来了。因此,从这个层面上来看的话,网络结构只包含价值、网络形态与规则等三个要素,所有行动者和行动者之间的关系(策略性与非策略性的)统统被称为网络互动,在这样定义与修正的基础上,马什和史密斯模型就更加具体清晰了。

三、　伊万斯对马什和史密斯的辩证模型的修正和讨论

网络情景、网络互动、网络效果与网络结构的三组关系在马什和史密斯的模型中是有一点奇怪的,这是我们这部分需要讨论的内容。首先,如果我们按照辩证的观点来讲,有网络结构和代理人、网络结构和政策效果这些关系,政策效果不仅和网络效果有关,还与网络互动有关,而这篇文章并没有讲到这一层关系。在图 2.2 中,我们并没有看到这几者之间的互动关系,既没有指向网络结构,也没有指出技能和资源之间的关系、

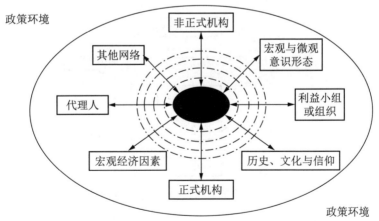

政策网络:一个结合相互作用的组织、参与者结构和政策等多种元素的综合体

政策环境中网络的影响

图 2.2　伊万斯视角下的马什和史密斯的辩证模型政策网络

代理人和网络结构的交互关系。我们需要思考的是,马什和史密斯的辩证模型只强调图 2.2 这三组关系,并没有其他变量之间的关系,所以,该模型是存在纰漏的。也许我们可以推测的是,该图解释的是英国农业政策的案例,只解释了与案例相关的变量关系。从这个层面来看的话,这样的关系网络是合理且有效的。

在伊万斯看来,马什和史密斯的辩证模型最重要的贡献是对经典模型缺乏对宏观、中观以及微观的区分和联系进行了矫正,从而构建了一个系统的、辩证的综合模型。在实践中,大量政策制定客观上是发生在多层次的自我组织的网络之中的,一旦中观层面的政策制定与宏观层面以及微观层面发生脱节,就会制约或影响对于政策过程的作用机制及其因果关系的识别和分析。而马什和史密斯的辩证网络分析方法将四种相互冲突的方法(如理性选择、个人互动、正式网络分析以及结构法等)各自的优势进行了综合,从而融入如图 2.3 所示的整体分析模型中。

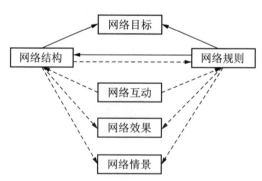

图 2.3　马什和史密斯模型中结构主义要素的关系模式

不过,伊万斯还指出马什和史密斯模型存在两个显著的问题:一是马什和史密斯的辩证方法名不副实,并没有真正在马克思主义的意义上运用辩证的"对立统一"方法。无论是马什和史密斯模型,还是马奇和奥尔森的垃圾桶模型、金登的多源流模型,都试图将政策网络视为一个"随意的系统"或结构主义的东西,而不是组织的理性的形式。政策网络显然是一个糅合了诸多因素的混合体,且在不确定的环境中混合体的形态学本身也更加不确定。二是从整体视角理解构成整体的各个部分或变量的独立性及其对整体的作用,在这一点上,马什和史密斯模型还存在一些模糊不清的地方。其中,有关政策网络结构的构成要素以及政策网络互动如何以及从哪个层次上定义,甚至行动者和代理人的关系和区别,包括代理人的定义问题,等等,作者并没有予以清楚地界定。

伊万斯对政策辩证模型的修正

马什和史密斯这篇文章的重要之处在于,一方面提出了讨论政策网络辩证性的四个原则,即社会构建、整体性、矛盾性和实践性,这是评价网络的原则或基本维度,而另一方面则为理解政策网络的整体性原则构造了所谓的网络形态学。其中,政策网络的形态学分为四个要素,如表 2.1 所示。当然,这四个要素与马什和史密斯文章中的解释有一定的重合,我们可以比较得出马什和史密斯的模型与伊万斯的模型中的核心变量及其互相作用的关系。伊万斯提出了这些网络形态学的各个构成要素可以构

表 2.1　伊万斯修正的组织形态学和政策网络

	网络要素	网络结构特征
1	网络目标	政策域、技术、意识形态、目标定义、政策工具集、合法和正义使命
2	(正式承认的、合法的)网络结构性安排	社会角色网络
3	网络规则	网络参与基础
4	环境联系	和其他网络的模式化或结构性关系、政府和非政府组织

成更基本的次级结构,并且这些次级结构可以为网络形态学的变化提供动力学基础。其中,那些试图摆脱原有网络规则约束的新的次级网络结构会吸引和联系新的参与者组织各种差异化的复杂关系结构,甚至组织非理性化的行为等,这些无疑会影响原有的网络形态学。

如表 2.1 所列举的网络结构特征,伊万斯的模型试图把政策网络分析的焦点放在政策网络本身的产生和维持上,特别是影响网络变迁的行动者观念、技术和利益偏好以及相关的行动者权力结构(Evans,2001)。可见,政策网络在形态学上是一个具体的多层次的系统结构,任何一个网络要素的变化特别是各种参与者之间的冲突和合作模式都会影响其形态学特征。不过,应该说,伊万斯虽然对马什和史密斯模型进行了矫正,但客观上还是没有为政策网络分析提供一个逻辑一致的微观行为基础,并且其对于政策网络目标、结构要素以及网络规则之间的关系也没有做出类似于马什和史密斯模型那样的清晰的建构式论证。

四、 结论与讨论

通过分析我们可以知道,马什和史密斯模型存在诸多缺陷。第一个缺陷是,没有对行动者网络互动下一个准确的定义,造成网络互动和网络结构之间存在一定的模糊性或信息重叠性。第二个缺陷是,没有捕捉到技能和资源的关系,没有交代行动者技能对网络结构的影响,从马什和史密斯模型中可以直观地注意到这些变量之间潜在的被忽视的联系。第三个缺陷是,对影响政策效果的因素考虑不全面。除了网络结构和网络互动之外,网络情景或环境因素也会影响政策网络效果,此外,行动者的行为策略本身也会影响政策网络效果。为什么这些直观上肯定会存在影响的因素以及因素之间交互反馈作用的机制会被马什和史密斯忽视,这是令人困惑的。

　　此外,马什和史密斯模型对于行动者的微观行为基础考虑不足,这是其政策网络分析方法的核心缺陷。具体而言,第四个缺陷是,对行动者资源和行动者技能之间的关系考虑不全面。行动者资源显然也会影响行动者技能,反之亦然,行动者技能也可以看成是行动者资源的一部分,或者说会增加行动者资源。第五个缺陷是,该模型过度依赖结构性因素,而忽视微观行为策略本身也会直接影响政策网络效果。至于行动者行为策略则直接受行动者资源和行动者技能影响,但显然,这几个因素又是相互区别的。无论行动者资源还是行动者技能,最终对政策网络效果或网络互动的影响都是间接的,还是依赖于或者通过行动者行为策略本身这个独立的变量因素来影响网络效果或网络互动。当然,尽管存在以上诸多的缺陷或不足,马什和史密斯模型仍然是政策网络分析无法回避的一个起点,大量的网络分析方法,无论是结构主义还是行为主义范式,都可以在与马什和史密斯的参照系模型进行对比的过程中获得重要的理论启示。

本讲讨论提纲

　　1. 什么是网络结构? 政策网络如何与参与其中的行动者区分开来?

　　2. 网络结构对网络代理人或行动者的影响有哪些? 代理人对政策网络会产生哪些影响或者扮演什么样的角色?

　　3. 什么是网络情境? 网络情境包含哪些要素? 如何理解网络情境的变化与政策网络之间的关系?

　　4. 什么是政策效果? 影响政策效果的因素有哪些?

5. 什么是网络互动？网络互动与网络结构是如何区分的？

6. 在马什和史密斯的辩证模型中,如何理解网络结构与代理人的关系、网络与情境的关系、网络结构与政策效果的关系？

7. 马什和史密斯是如何运用其建立的辩证模型对 20 世纪 30 年代以来英国的农业政策网络进行案例研究的？

8. 马克·伊万斯是如何构建政策网络分析的辩证模型的？

9. 如何比较马什、史密斯的辩证模型和伊万斯的政策网络辩证模型的相似性与差异性？

参考文献

[美]马奇、奥尔森:《新制度主义:政治生活中的组织因素》,载何俊志等编译:《新制度主义政治学译文精选》,天津人民出版社 2007 年版,第 19—45 页。

毛泽东:《国共两党抗日救国协定草案》(1936 年 9 月 30 日),《毛泽东文集(第一卷)》,人民出版社 1993 年版,第 446 页。

吴敬琏:《当代中国经济改革:战略与实施》,上海远东出版社 1999 年版。

尹哲:《美媒:特朗普推翻奥巴马政策,美军方获更多自由发动网络战》,观察者网 2018 年 8 月 17 日,http://www.guancha.cn/politics/2018_08_17_468530.shtml。

[美]约翰·W.金登:《议程、备选方案与公共政策》,丁煌、方兴译,中国人民大学出版社 2004 年版。

Benson, J.K., 1982. "A Framework for Policy Analysis," in D. Rodgers and D. Whitton(eds), *Intergovernmental Coordination*. Ames IA: Iowa State University Press.

Benson, J. K., 1977. "Organizations: A Dialectical View," *Administrative Science Quarterly* 22:1—21.

David Marsh and Martin Smith, 2000. "Understanding Policy Networks: Towards a Dialectical Approach," *Political Studies* 48:5—21.

Mark Bevir and David Richard, 2009. "Decentring Policy Networks: A

Theoretical Agenta," *Public Administration* Vol.87, No.1:3—4.

Mark Evans, 2001. "Understanding Dialectics in Policy Network Analysis," *Political Studies* 49:542—550.

R.A.W. Rhodes and David Marsh, 1992. "New Directions in the Study of Policy Networks," *European Journal of Political Research* 21:197.

第 3 讲
合作型政策网络理论：结构性要素属性的识别

一、 合作型政策网络假说

运用市场和科层的语言是从经济视角来分析网络的性质和功能,威廉姆森的著作《市场科层组织》具体阐述了关于市场及科层的治理特征。本讲从德利翁的文章《面向合作型政策网络:识别结构趋向》出发(Deleon and Varda,2009),着重探讨了构成政策网络的基本要素及其属性和特征,并以扶贫政策网络模型为例,分析构成网络要素的形态。与马什和史密斯政策网络模型为结构主义网络分析范式提供的参照系类似,德利翁的合作型政策网络分析则为行为主义政策网络研究范式提供了一个概念基准或理想模型。不过,鉴于德利翁的文章对于合作型政策网络的假说界定还缺乏严谨的正式论证以及严格的定义,本讲试图运用博弈论等方法重新讨论和界定合作型政策网络的结构性要素特征以及其论证的内在逻辑。

背景和条件假设:(1)合作型政策网络是由一系列作为"点"的行动者以及不同行动者之间或紧密或松散的制度化或结构化关系模式所构成。(2)假设政策目标是唯一的,或者即使出现不同的政策目标,这些政策目标对于行动者的约束方向也是一致的(即不同的政策目标之间不存在冲突性)。(3)假设政策网络中的文化观念等网络规则可以成为不同行动者博弈的共同知识或约束性因素,所有的行动者对网络规则具有共同知识。

　　假说 1:合作型政策网络可以被定义为网络中所有行动者通过采纳与政策目标相一致的合作主义策略而达到的一种博弈均衡结果。对于行动者个体而言,其行动策略偏好与政策目标一致性程度越高,则合作型政策网络出现的概率越大(反之亦然)。

　　假说 2:对于网络中各种作为"线条"的行动者之间的制度化关系而言,互惠性、信任度高以及参与程度高的制度化关系与政策目标的方向一致性越高,则合作型政策网络出现的概率越大(反之亦然)。

　　假说 3:对于网络中的"子网络"或"子结构"以及不同子结构集合的关系形态而言,网络形态扁平化水平、领导层(地位)的平等性、信息的透明度以及不同子结构(领导层主导的)之间与政策目标的相容性和一致性越高,则合作型政策网络出现的概率越大。

二、　构成政策网络的基本要素及其属性和特征

　　政策网络由各种各样代表行动者的结点以及点与点之间的行动关系构成,点和线是构成行动者网络最基本也是最重要的要素。而要讨论网络的性质,首先就要界定政策网络构成要素的性质。

(一)"结点":行动者的类型及属性

　　作为行动者的"结点"的类型从直观上来说包括个体或自然人以及组织。首先,人本身就是一个行动者;其次,是以营利性为目标的经济组织;

再次,是以社会目标作为其追求的非营利组织,如社工组织、医疗、养老、基金会、行业协会等;最后,是政府组织,相对比较复杂,政府本身是一个庞大的科层结构,例如,我国是五级政府,包括中央、省、市、区县、乡镇。其中,村委会属于自治组织,具有准政府色彩,执行政府指令,所有经费来自政府拨款。此外,还有大量组织属性介于营利组织、非营利组织和政府之间的,比如党派、村委会、妇联、共青团等。另外,在经济组织和非营利组织之间存在交叉区域,有的经济组织也具有一定的非营利属性,承担更多的社会责任,也有社会组织具有很强的营利动机,比如社会企业,这两者并不是泾渭分明的。

在讨论网络时,"结点"代表的是行动者,而结点或行动者的属性实际上非常值得仔细研究。一个作为行动者的人是追求效用最大化还是追求利益最大化或者说是理性人,这几个表述是不一样的。"理性人"分为完全理性和有限理性,有限理性是趋利避害的行为,其能进行一定程度的得失计算,而完全理性则完全按经济利益进行计算,这是理想型假设。在经济学领域,研究者基本上是假设经济人追求利益最大化的,即所有成本-收益都可以进行货币化计算。在研究公共政策时,行动者的属性不能被定义为纯粹追求利益最大化,但是可以将其定义为追求效用最大化。"效用"是用以刻画和度量一个人消费过程中所获得的满足程度,不仅包括经济利益,还包括心理感受和荣誉等,如效用最大化可以用来解释雷锋式的行为,即做好事让其增加满足感。无论经济最大化还是效用最大化,都是理性的,我们定义时可以是利益最大化,也可以是主观感受满足的最大化。

对其他几个行动者的属性如何定义呢?对经济组织不做展开,因为经济组织的定义就是追求利益最大化,这是一个类似理性人的经济理性假设(即追求利益最大化的理性人)。非营利组织的属性该如何定义呢?

是追求作为组织使命和价值最大程度实现的组织目标最大化。不同组织的具体目标不一样,比如精神卫生组织追求最大程度为患者提供满意的服务,如养老机构、医疗机构,其目的包括有效地提供这个服务、以最低的成本提供最有效的服务,并且尽可能提高服务的质量,进行技术创新,追求社会对它的认同。社会组织的目标相对复杂和多元。政府该如何定义属性呢? 从定义上来说,政府是唯一合法地使用暴力机器的组织机构,包含使用军队和命令权威,这种胁迫力除政府外,其他组织都不可以使用,所有机构都被称为法律上的平等者,即法人。此处的政府是广义政府的概念,而非内阁行政政府的概念,包含立法机构和司法机构。当然,所具有的属性不能代表政府存在的意图,概括来说,政府存在的目标在于提供公共产品。从公共政策角度来说,所生产的公共产品的形态关键是"政策"或其产出品(如具体的公共物品或服务),可见,政府的任何一个行为本质上都具有政策的色彩,或者说政府存在的唯一活动功能就是政策的生产者。当然,在具体领域中,政府追求具体的政策目标会存在差异,比如医疗卫生领域、社会发展领域以及经济领域等。其中,经济领域的经典目标有四个,即经济增长、充分就业、收支平衡以及控制通货膨胀。定义行动者的属性第一位是确定其行为目标,要知道行动者需要什么,构建网络时知道行动者之间的线条关系包含什么信息,这是和行动者需求动机或目的联系在一起的。

当然,对于行动者而言,其属性除了目标之外,行动者所掌握的包括权力和信息等资源状况以及采取的行动策略也是不可或缺的。特别是对于行动者的策略空间,从完全合作主义的策略到风险规避策略、搭便车策略、个体主义策略以及胁迫性乃至冲突对抗策略等,可以说每一种策略对于行动者而言都是潜在的可供运用的博弈手段,采纳或选择的关键依据是其期望的策略收益应该高于其潜在的策略性成本或代价。

（二）"线"的关系维度及其分类标准

"点"（行动者）和"线"（关系）构成了政策网络的基本元素，网络成员的代表性和异质性体现在"点"的属性上，那么作为"线"的关系界定有哪些维度呢？一般而言，关系线条较为理想的性质是体现或包含了行动者双方的互惠性（即双方不仅相互影响，还相互从关系中受益），当然，这种互惠特征会受到双方的权力结构特征以及彼此信息透明度、信任度等因素的影响。相对于两个箭头相互指向或作用的互惠性关系而言，单向作用的关系模式则会缺乏互惠特征，比如授课式课堂中，教师向学生发送信息便是单向的，而讨论式课堂教学则是互惠的。权力结构的水平性反映了网络中点和点之间有关权力的要素，在不同行动者之间传递的时候是地位相似的水平传递而非不同层级行动者之间的垂直传递。换言之，信息传递水平程度越高，地位相差越小，比如农业部向卫生部传递信息，农业局向卫生局传递信息，相对是水平的。而国务院领导向其下属部门传递信息则是垂直的，这意味着传递下来的信息或指示通常只能接收，而水平传递则不一定，也可运用权力将其诉求或建议反弹回去或部分接收。信任度反映了在传递信息中一方对另一方可能采取的行动策略判断的信心程度，信任度会影响到自身行为的选择和决策，以及对对方诉求做出的反应方式。决策的参与度反映了行动者网络中不同行动者的层级，比如同样是在中央政治局中，行动者是常委还是一般委员对政策决策的参与度和影响力大不相同，这意味着线条间力度不一。信息的透明度反映了网络中行动者之间的信息不对称程度，拥有更多信息的行动者在博弈过程中占优势。

如果要对政策网络中点和点之间代表行动者关系的线条进行类型化，其分类标准是什么？如何对线条关系进行类型化？首先，可以从线条交易要素的属性来划分线条属性,要素包括权力、信息、信任度、参与机会等无形资源,还包括有形的物质、服务以及资金等资源。有形资源传输中能定义其关系么? 比如说医生和患者之间传输的是医疗服务,如果从有形资源作为交易要素属性来定义两点之间的网络关系,那么,该交易的维度有哪些? 一般而言,对于任何交易条款的谈判都涉及三个最重要的变量——数量、质量与价格。显然,在双边线条式交易关系中,掌握更高权力和信息优势的一方会在交易数量、质量以及价格等条款的确定方面相对于处于权力和信息劣势地位的另一方拥有优势地位。

其次,对交易关系的影响力是刻画双方关系的重要标准,如一种是双方势均力敌或一种是一方拥有主导性。当然,影响到双方交易影响力的因素也有很多,这是我们需要进一步研究的。比如在威廉姆森的交易三维度(交易频率、信息不对称、机会主义等)中,有一方做了专用性投资(有时也被称为沉没成本),而所做的专用性投资越多,则其在双边关系中就越被动。这反映了双方谁在这段关系中投入越多,谁就可能处于弱势。不过,辩证地看,这也可视为向对方发出重要信号,即表示"我是可信的"。比如"一带一路"倡议中,中国政府释放出很多信号,如在中巴经济走廊项目中,中方的投入很大程度上是为其他潜在想加入的小国家做些示范。不过,为什么一些国家却不断终止既定的合作项目(如高铁),还想压低中方的投资回报,包括贷款利率? 我们的确处于被动,但其实很多国家并非真的想取消,毕竟还需要赔偿,原因不过是想索取更多。可见,行动者双方线条关系属性的维度基本上有以上两种(一种是根据线条中所交易的要素本身的性质定义,另一种是双方对这种交易关系的影响力和谈判力),无论有形交易还是无形交易都一样。另外,还可以将行动者 A 和 B 在交易关系中的互惠性从"影响力"因素中独立出来,以互惠性程度划分行动者双边关系的作用方向的特征:互惠程度很低或不高的双边关系是单向的,反之则是双向的。

三、 构成政策网络要素的形态学：对合作型政策网络假说的 检验

从德利翁和瓦德的文章中可以发现,协作性政策网络具有某种话语特点,尤其是互惠性、代表性、参与决策的平等性以及领导协调合作性等。不同的行动者处于政策场景或利益相关者网络之中会相互交流各自的信息和利益偏好或诉求,并利用各自所控制的资源和权力以尽力在网络互动中获取自身的利益。可见,在一个协作性政策网络中,每个行动者追求符合自身利益最大化的行为策略,其协调合作的最终结果会类似于 Arrow-Debreu 一般均衡或纳什均衡一样的结局或形态。在协作性政策网络的均衡结构中,哪一种网络关系特征或形态更可能会被识别,或者说哪一种性能更可能发生,则是德利翁和瓦德的文章也是我们值得关注的问题。

如果组织中行动者的属性是完全一样的,比如村庄中的六个村民,其收入水平、拥有的土地资源、社会关系、家庭人员结构以及受教育程度都差不多,这种网络被称为同质性网络。相对于异质性网络研究而言,这种网络在研究过程中会相对简单一些,传统村落研究便具有高度同质性的特征。当然,在实际的反贫困对象甄别和研究过程中可以发现,尽管贫困对象所占有的资源状况以及社会关系水平具有相似性,但其致贫的原因类型却并不是属性高度相似的,可能因为大病、伤残、意外事故、性格甚至赌博恶习等各种因素造成形态各异的贫困陷阱或陷入各种恶性循环(赵德余,2020)。不过,这并不影响贫困对象作为一个行动者的其他属性与其他行动者之间的可比性。

如网络中存在普通村民、贫困对象、村委会、镇政府、市民政局、参与扶贫的龙头企业等行动者,这些行动者的属性若存在显著差异,则行动者之间的关系形态会被视为异质性网络。村民承包的土地来自以村委会为代表的村级集体经济组织的发包,村委会向村民传递信息、通知和服务;村委会对贫困对象进行扶贫资格审查;镇政府向村委会直接下达各种政策指令等。市民政局要对区域范围内贫困对象进行识别并制定低保标准,其首先要和镇政府打交道,这是单向的或双向的信息互动,但还没有形成复杂的或系统的网络关系。

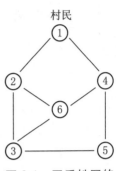

图 3.1　同质性网络

龙头企业为扶贫对象和普通村民提供就业机会、土地租金或收益分成,而扶贫对象为企业提供可供出租的土地或可供就业的潜在劳动力资源。在政府干预牵引下,通过扶贫项目开发促成龙头企业和扶贫对象双方达成互惠的交易关系。当然,民政部门为龙头企业发放扶贫补贴,目的是要让其产生稳定持久的收入流。扶贫办是政府综合协调机构,协调民政、农业农村委、财政等部门有关扶贫攻坚工作的联合或协调行动,其在脱贫攻坚时期十分活跃,如确定一个地区扶贫的企业参与度以及项目补贴额度,这些资金需求计划又会影响财政部门的扶贫预算。同时,财政部门影响龙头公司的参与积极性,其财政补贴资金决定了资金流向以及相关项目的落地实施。

扶贫办、市民政局、市财政局与镇政府以及村委会之间的关系都是指令性的,财政和民政之间的关系相对平等,扶贫办协调各方级别较高,镇政府与它们并不仅仅是接受指令的关系,也会上传需求,包括信息、资金等方面的诉求,这个网络还没构建完整。村委会对镇政府也存在信息上报和指令的反馈,镇政府对村委会资金使用情况进行监管,这种关系是相

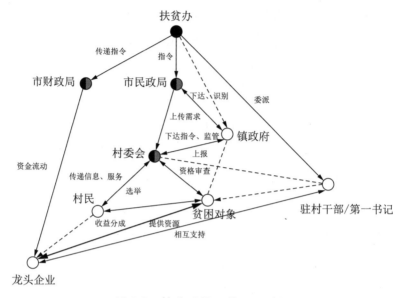

图 3.2　扶贫政策网络(异质性)

互作用的。镇政府也会跟扶贫对象直接打交道,进行抽查与核实,但这是非常态的,通常村委会和贫困对象是互惠的。财政局和普通村民直接联系较少,一般会通过村委会为村民提供服务,村民参加村委会选举并对村委会进行监督;民政对村委会选举进行监督和审查,民政和村委会传统上是存在关系的(上报材料可以通过镇政府,相对关系较弱),也可以直接给村委会提供信息、经费支持以及发指令。

　　扶贫办可以直接跟贫困对象以及村委会打交道,可以委派驻村干部即第一书记或结对帮扶干部,任期通常为两年,属于从外部嵌入扶贫政策网络。驻村干部一般会主动接触扶贫对象了解情况,其工作激励相对较高,但其常常以追求短期政绩为目标,客观上不易融入原生的村委会,却与同样是外生的参与扶贫的公司积极互动以加快项目推进或相互支持。龙头企业希望业务范围广泛覆盖以获得更多补贴,并提升社会影响力,从而改善村庄贫困现状或取得显著的政绩,其与村委会或村支书之间既合作又竞争。

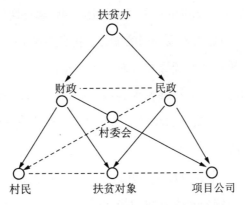

图 3.3　科层组织性质的网络结构模型

　　由图 3.3 可知，异质性在该扶贫政策网络模型中得到很好的展现，同质性网络反映的关系远不如异质性复杂。政策网络中最重要的关系往往是互惠性关系，互惠性最强的龙头公司和贫困对象之间的关系将直接决定扶贫项目成败或扶贫政策的效果。这种互惠性关系在网络中占据主导地位，在诸多关系中也更显著。当然，不同的互惠性关系内容不一样，龙头公司和扶贫对象之间包含的关系涉及领域很多，包括技术传播、就业机会援助等。而行动者之间多数是关于项目信息、信任、监督、指令发布等，这些关系在政策网络中是重要角色，但网络关系的成败取决于具体项目的落地情况。

　　在该网络模型中，不同行动者之间权力的分配是不均匀的。在网络模型图中，权力强度最高的一般用实心表示，次之用半实心或空心的结点表示。按层级来讲，财政部门的权力虽是强有力的，但由于涉及资金发放、核对扶贫项目和扶贫对象确立的标准多数是操作技术性或形式上的工作，其权力对于其他部门的约束性有限。而民政部门更为清楚相关信息，扶贫对象与其长期掌握的低保信息相对应。如果扶贫办划定的贫困线高于低保线，高于低保线的这部分人不掌握在民政部门手中，虽也会向扶贫办索取信息,但大范围的扶贫资金运用决策(额外增量资金并非民政部常规存量资金)会超出民政部门的能力。由此看来,扶贫办的权威明显高于民政部门。扶贫办的领导在行政层级上也高于民政部门,扶贫办的工作人员会使用此号令去指挥调用各级部门,甚至以战时状态来动员社会力量。于是,扶贫办派出的驻村干部在基层也常常优势凸显,甚至会与村内原生权威中心村支书分庭抗礼,形成双权威结构。权力具有科层属性(在传统扶贫系统中具有扁平属性),剔除扶贫对象和财政部门,仅有项目公司与村委会等较为平等且权力极差不大。不过,这种极差是由于扶贫攻坚战或外生的行动者进驻造成的。至于网络结构是扁平好还是科层好不能一概而论,而应以政策目标实现的有效性为标准。

信任度在政策网络中反映了交易对象对交易关系中所流动的交易信息或行动者的行为策略的信任程度。比如对通告信息的接受程度或在互惠性关系中有一方做出专用性投资的信用度提高(比如企业增加了良种的预售),则该行动者如农户通常对企业的经营方案或协议的相信度也会较高。另外,信任度还受权力层级的影响,如农户对权威机构说的话相对信任度较高,熟人关系或其过去的交往经验也会影响其信任度。周飞舟(2021)也注意到,农民对于劳动力的一种准雇佣关系很大程度上会依赖于亲戚、邻里、熟人及其扩展的社会关系,其中劳动质量正是依靠人情或素质等观念加以相互筛选的机制来确保的,而龙头企业如果缺少这些传统社会资源也就会面临交易信息不对称以及由此而产生的信任问题。

参与决策机会的问题在政策网络中如何分析呢?对项目的决策机制而言,一方面,任何一名老百姓都能表达自己是不是贫困对象以及是否愿意参加扶贫项目,而非仅仅靠基层自治组织或政府推选出名单,应该让所有老百姓都有机会向扶贫机构提供材料证明自己是贫困对象。另一方面,扶贫对象、村委会、普通村民、龙头公司、镇政府等所有行动者都应有参与机会,于是,参与者越多,其网络结构越扁平,在充分沟通协商之下反对的人就会减少。而参与机会越少或参与程度越低,也许会谣言四起甚至出现故意阻挠的现象,影响整个网络交易的有效性和通畅性。

参与程度和信息透明度高度相关,参与程度越高则信息透明度越高。信息拥有者主动公开或隐瞒信息的概率有多高? 有哪些行动者期望隐藏信息? 比如,作为第一书记的驻村干部一般会被看作国家驻村和地方实践的连接点,其融合了国家、基层组织和社会三者的利益诉求或目标追求,应该会有助于政策执行网络的运转(黄改、李斌,2023)。但是,第一书记和村干部之间有时候或有的地方也会相互隐瞒,第一书记在领导检查时想显示出高于原村支书的专业水平,原村支书则不想新来的表现太耀眼或影响到他的威望,或者是不愿透露对其本身不利的信息。毕竟在扶贫资格认定上,原村支书的影响力更大,甚至还有很多关系户或村民合谋等信息并不希望被外界知道(但是第一书记作为外部介入者则渴望知晓相关信息),一些关键行动者有封锁信息的动机。在最高层面上,民政部门和扶贫办也相互竞争话语权,领导的层级跟权力结构是一致的,层级越多,政策系统进行信息和指令传递的遗漏越多或扭曲的可能性越高,其行动者之间的协商交易成本也越高。

四、 结论与讨论：合作型政策网络的功能与强度

合作型政策网络在政策过程中可以发挥更加强有力的作用或功能,包括政策议程倡导、政策决策制定、政策合法化以及政策实施等,对于政策过程的任何阶段,政策目标在高度合作型政策网络力量的推动下显然比低水平合作的政策网络更容易实现。当然,合作型政策网络的协作强

度是由该网络成立的诸多假设条件所决定的,其假设条件或假说越接近于满足,则网络强度越高,反之,其强度越低。

(一) 合作型政策网络的产生和功能

当每个属性都指向政策目标的一致性,所有行动者都达成了集体行动时,合作型政策网络便形成了,其终极功能是政策目标实现,其他如信息传递、资源配置、服务输送等都是具体功能,发生的机理是按照网络的具体结构,网络与系统动力学是可以互换的,网络中的线是一个循环,政策网络的线条可以转换成良性的内生循环机制。不过,合作型政策网络所依赖的作为互惠性色彩的良性循环反馈机制具有特定的时间、空间和资源环境的约束性,即一旦随着时间和空间尤其是资源条件的变化,其中一些关键行动者的受惠水平开始下降,如扶贫企业经营状况日益恶化而出现亏损时,则其所承担的安置就业和产业发展等对其他如贫困户具有互惠特征的责任势必难以持续。于是,互惠性特征的退化将会危及政策网络的运行和功能的发挥。

(二) 合作型政策网络和替代型政策模式多样性

合作型政策网络和替代型网络结构是动态的,其中行动者有进有出,例如不符合贫困标准的人在新的贫困标准审查后被移除,替代型是这种网络关系所分析的指向性关系,比如垂直型网络对应扁平型网络,互惠型网络对应单向型网络,其中有大量的中间形态,这只是其中一个维度。基于网络分析维度的几个属性,我们可以将基于各种积极的属性组合而形成的网络称为合作型属性组合。合作型政策网络大多满足比较良好的属性,而这些属性都指向政策目标,所有属性和政策目标一致。当出现所有政策的属性指向性与政策目标都不一致时,它是一个完全对立的网络,这两种都是理想型。当它的属性与政策目标不完全一致时,这种混合型被称为变体。

(三) 合作型政策网络的异化:从行为主义到结构主义

合作型政策网络在其构成的有效条件不满足或失效的情形下,就会出现异化。如多重政策目标的冲突一旦出现,不同的行动者与不同的政策目标虽然可以保持一致,但由于不同的目标之间存在的冲突性,不同行动者之间的利益冲突也随之出现并恶化,这将会消解或改变不同行动者采取合作主义策略的动机。在此情形下,合作型政策网络出现的概率将会大大下降,不同的行动者围绕着相互冲突的政策目标展开冲突博弈,政策网络的合作或冲突水平将最终保持在不同行动者之间基于某种理性妥协的策略性博弈均衡状态。

本讲讨论提纲

1. 在德利翁著名的文章《面向合作型政策网络:识别结构趋向》中,什么是合作型政策网络? 在合作型政策网络中,什么网络性可以被识别? 在合作型政策网络中,这些性能中哪一个更可能发生? 这些特征可以被建模以便预示其他类型的合作政策吗?

2. 构成政策网络的基本要素有哪些?

3. 如何确定和分析构成政策网络的基本要素的属性和特征?

4. 如何理解合作型政策网络模式及其替代型政策模式的多样性?

5. 合作型政策网络是如何产生的?

6. 合作型政策网络具有什么样的功能以及其功能发生的机理是什么?

参考文献

［美］曼瑟尔·奥尔森:《集体行动的逻辑》,陈郁等译,格致出版社 1995 年版。

黄改、李斌:《中国式脱贫攻坚实践:驻村帮扶工作队治贫的单位逻辑与行动策略研究——以湖南省 P 镇为例》,载《求实》2023 年第 4 期,第 87—98 页。

［英］戴维·马什、［美］马丁·史密斯:《理解政策网络方法:英国农业政策发展的经验》,载赵德余主编:《经济政策的选择与挑战》(《复旦发展与政策评论》第 5 辑),上海人民出版社 2016 年版。

［美］奥利弗·E.威廉姆森:《市场与层级制》,蔡晓月、孟俭译,上海财经大学出版社 2011 年版。

赵德余:《博弈论与公共政策》,载《政策工坊》2019 年第 10 期(总第 37 期)。

赵德余:《贫困陷阱的循环反馈机制及反贫困干预路径》,载《上海交通大学学报(哲学社会科学版)》2020 年第 6 期,第 9—15 页。

赵德余、吴陈孜薇:《我国东西部协作型农业产业扶贫政策网络特征及其效果分析》,载《贵州大学学报》2022 年第 5 期。

赵德余:《政策网络分析的多重面孔》,载杨团、关信平主编:《当代社会政策研究(十二)》,社会科学文献出版社 2017 年版。

周飞舟:《从脱贫攻坚到乡村振兴:迈向"家国一体"的国家与农民关系》,载《社会学研究》2021 年第 6 期。

Peter deleon and Danielle M. Varda, 2009. "Toward a Theory of Collaborative Policy Networks: Identifying Structural Tendencies." *The Policy Studies Journal*, Vol.37, No.1.

第 4 讲
政策网络的性质与功能：介于市场与科层之间

　　一直以来，无论是在社会学领域还是经济学领域，对市场和科层的研究都很多，这说明学术界在市场性质这个问题上停留太久，尤其是整个社会主义国家长期对市场有很多误解，也在该问题上遭受过很多挫折。时至今日，我们还不能说对市场已经有完全彻底的认识，每年仍还有大量的文章在探讨市场到底是什么。从贸易战和金融风险来说，人们都能了解市场还存在不完善和脆弱性。如果从市场的角度来理解，贸易战的性质就是不同国家为国际市场交易的规则争夺话语权，大家都在争夺有利于各国的交易规则，对市场的理解有分歧。特别是近年美欧日达成的多边投资共识，对中国国有企业作为市场参与主体进行排斥和限制，认为它不是一个构成公平的或理想型的市场交易中的合格参与者。这说明中国与西方国家对市场的理解存在分歧，西方国家甚至还没有给予中国市场经济主体地位，不承认中国的市场经济地位。我们对市场本质的理解在国家层面上也存在大量分歧和冲突，可见从学术和社会层面来理解市场是多么的重要。那么，市场和政策网络之间有什么关系呢？两者的关系可谓十分紧密，我们可以从市场和科层组织性质的角度来看待政策网络的性质和功能。

一、 市场和科层组织的性质——功能视角

科层组织的性质是由市场来定义的,市场的性质也是由科层组织来定义的,这是一个双向定义的过程。将市场当作一个理想型或者参照系的时候,科层组织就是它的变体。变体有点类似对人的个体性质进行的定义,在过去很长时间来看人类只有两种性别——男性和女性,他们互为参照系同时存在,在这两者之间的则被称为变体,比如我们所说的基因突变或者其他原因导致的性取向发生变化,不仅包括男同性恋与女同性恋,还包括希拉里所说的双性恋,这说明变体多种多样。市场和科层组织之间就有很多变体,这些变体类似我们今天所说的网络。

(一) 对市场的理解及其性质

对于市场有两种理解,一种是作为规则的市场,另一种是作为组织的市场。作为规则的市场该怎样理解呢?市场作为一种资源配置的制度有几个很重要的性质,这些性质都是将科层组织作为参照系来定义的。市场作为一种制度,它最重要的是能够让这种商品和服务通过市场机制的方式来进行交易,产生稳定预期的功能。可见,市场作为一种制度可以降低不确定性,降低交易费用,并提供价格信号,最终将价格作为最重要的交易基准。这种资源配置或者价格发现的功能降低了通过科层组织的形式来确定价格的成本。通过科层组织的形式来确定价格成本会出现大量的交易费用,例如谈判、协商、计算供需情况等(科斯,1937)。由此可见,市场的性质包括降低不确定性风险、产生均衡的价格,以及降低生产者和生产者交易不确定的风险。同时,作为资源配置制度产生约束性,市场所

形成的价格对买卖双方产生约束力，于是，作为这种约束的规则就被称为制度安排。当然，从组织角度定义，市场中要有交易主体，作为组织的市场包含买方和卖方，双方之间的关系如果存在高度不确定性，市场便会失效，而有效市场则会有降低不确定性的作用和功能。

在理解性质的时候有两个视角，即功能视角和合约视角。从功能视角来看，第一，市场作为一种制度，有约束规则和稳定预期的功能，从结果来说，市场是资源配置最有效率的部门，稳定预期和约束规则是其效率的体现。第二，市场节约了靠组织、协调、科层定价的管理费用，比如石油定价不需要每次都去和石油原产国交易商进行价格谈判，因为我们有以纽约、伦敦期货交易价格为基准的定价。作为目前最大的消费市场，中国建立期货交易市场的目的是避免石油价格受纽约与伦敦市场的操纵，拥有自己的话语权（当然，事实上这一点也确实面临挑战）。第三，降低不确定性的功能，市场一旦产生，本身便能降低不确定性。价格走势虽然有不确定性，但大体提供了可以预测的参照系，当然这个不确定性是有限度的。当不确定性非常高的时候，市场会失败。比如在股灾时，证券市场交易失败或千股跌停，没有买方只有卖方，丧失流动性，市场交易功能没有发挥出来，不确定性太大从而产生恐慌，造成了市场功能丧失。市场配置资源几个重要的功能性性质是由作为制度的市场和作为组织的市场推导出来的。

（二）对科层组织的理解及其性质

科层组织和市场互为参照系，市场作为一种组织形式，有几个重要的市场有效性的条件：第一是有大量参与者，可以自由进出，不能强买强卖；第二是竞争性强，无垄断行为；第三是信息充分，买卖双方都知道相关基本信息，商品品质、数量是可以准确测量的，否则容易产生纠纷；第四是无外部性,外部性是指一种行为不仅对自己的效用产生影响,也对其他人的效用产生影响。比如在村庄中有一户很有钱,一般而言这户对于独自为村庄修路也不会很热情,因为修完的村路是公用的,除非其财产多到不在乎这项支出。况且修路产生的外部性是有回报的,如在当地形成好名声正是回馈其所做的公共服务。在市场条件下,修路的交易最好怎么解决呢? 假设该村庄从事农业经营的大农户都自愿联合起来组成一个相当于集体集资修路的行动组织,修路可以发挥运输功能,如普通农户生产的产品被统一收购运输回来再择机卖出去;修路也便于居民的生活通行;修路挖掘泥土之后,沟渠的灌溉功能也得以提升,等等。可见,所有村民都能从修路的集体行动中获益,就类似于众多分散个体在市场中以相当于一个合作企业的方式协调行动。

外部性内部化是科层组织的重要功能之一。例如巢湖和合肥合并,之前相互推诿排污责任,一体化之后,污染问题解决的责任主体明确。人民公社也有同样的内部化外部性或一体化功能,经过人民公社时期,农业生产的基础设施基本恢复。在公社时期,被抽调兴修水利的农户与农田劳作的农户同样可以获得工分和报酬。而在土地私有的情况下,从每家每户抽劳动力修水利对每户的效用有区别,离水利河道较远的农户可能就不愿意去修,修水利只对离得近的人而言外部经济性大,对离得远的人而言外部经济性小。因此,公社体制将外部性内部化,就是要将其一体化或科层化。

科层中的进入和退出有严格限制,进入科层组织意味着你将让渡部分劳动支配权给科层组织指挥者,降低市场的交易费用。如在兴修水利过程中,劳动者在市场交易条件下费用高,涉及劳动者调配指令,关于工作强度、数量、时间的谈判以及对修水利工作的监督测量等,但是,相对而言,使用科层组织劳动力费用相对较低,能节约谈判成本,如将工作地点、

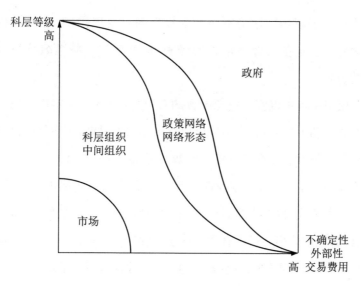

图 4.1　市场、科层和政府的治理领域边界

数量、强度等决策权都让渡给了水利建设的指挥者，而劳动者只需执行指挥者发布的具体工作指令。组织协调管理费用在市场和科层组织中都存在，工人在公社里是有管理费用的，以市场形式提供的服务也是有管理费用的。好比上海家政服务行业，由家政公司介绍的单个劳动者到雇主家中提供劳动服务是市场交易行为，家政公司派员工到家庭进行服务，家庭将费用交给公司，公司收取一部分中介费后以工资的形式支付给劳务人员，这是科层组织运作的。其中，家政服务人员无权跟雇主商讨价格和时间，质量标准受家政公司制约。如果是完全市场行为，则是由其个人与雇主商谈决定的。市场与科层哪一个更有效，取决于哪一种的交易费用更低，科层内交易费用更高则市场会相对更有效率，反之亦然。比如农村水利基础设施在 20 世纪五六十年代时市场交易费用非常高，公社从提供公共服务的角度使得交易费用大幅度下降，变成科层内的交易费用，并通过思想运动教育和树立典型等激励手段将交易费用内化，此时科

层效用远大于市场。这是威廉姆森提出的重要理论,通过市场和科层组织解释了资本主义经济增长的秘密,将市场和科层组织都视为资源配置的方式。

科层组织也可以实现资源配置的有效性,降低不确定性和风险。比如电力企业和煤炭公司,火力发电以煤炭作为原材料,煤炭价格高涨导致电力企业亏损严重,经济不景气时煤炭价格下跌,电力企业则赚得多。2007 年煤炭价格高涨,国家发改委经常出面使两家实现价格联动,对市场形成一种替代,仅有市场时双方相互仇视,价格联动机制迫使双方签订长期合约,稳定价格。长期合约是科层组织的一种替代形式,可以降低交易费用,科层组织则使煤炭企业与电力公司相互兼并,呈现一体化,利润一部分来自煤炭,一部分来自电力,一直处于盈利状态,降低了风险和不确定性。奥利弗·哈特和本特·霍姆斯特朗因为不完全合约的研究贡献于 2016 年获得诺贝尔经济学奖。由于合约中的一方或各方无法把握不确定性,合约永远制定得不完备,由此内含的矛盾和风险极大,而不完全合约理论给出的治理方法或思路就是将交易双方一体化(哈特,1998;Holmstrom,1982;Holmstrom, Milgrom and Roth, 2002)。

另外,科层组织还有再分配的功能,这是市场不具备的。一般来说,弱科层组织是指企业,强科层组织是指政府,政府是一个强大的科层组织,不确定性最小。比如国防交给政府来解决风险低,若交给公司则风险高,在政治动乱时可能会发生政变,所以国防一般政府是垄断的。降低不确定性的同时,市场交易费用也会降低,美国国防的市场交易费用很高,研发的战斗机、航空母舰等都是外包给几大主要公司,这些公司与政府签订合同时在研发费用上会不断加码,政府作为买方处于相对被动的位置,市场不确定性高,没有完全科层化。

（三）政策网络的性质：介于市场和科层之间的一种中间组织形态

网络的性质是介于科层和市场之间，从功能上来说，网络也是一种组织形式。这种组织形式最大的特点在于，市场和科层组织描述和研究问题时更多是以一个点的形式来看待问题，以一个或若干个行动主体自身的性质来看待问题，而网络更多地是将科层组织和市场看作行动者之间关系构成的结构形式，但是无论有多少行动者以及行动者之间有什么样的结构关系，它仍然是有形态的，且这种结构形态仍然是有边界的，具有类似于市场和科层中间的某种组织形式。从功能上来说，网络兼有市场和科层组织的功能，比如网络也有节约交易费用、降低不确定性、将外部性内部化的功能等，这是从功能视角来理解的，贡献主要来自科斯（1937）。科斯有两篇著名的文章，其中一篇是关于企业科层组织的含义以及交易费用（或社会交易成本），这让人们认识到科层组织和市场具有高度类似性，都是资源配置的方式，以及都面临高昂的交易成本。其中，一个是组织内交易成本，另一个是市场交易成本，注意观察哪个成本能够节约，或哪个成本将影响哪种组织形式的有效性。市场和科层都有自己作用的边界，不确定性和外部性程度越低，则越适用于市场制度，外部性程度越低，产品私有化的程度越高或产权属性越清晰，消费越不会对其他人产生外溢性。而有外部性则产权属性不一定能完全界定清楚，比如污染排放或者烟花燃放。若生产和消费不具有排他性，就会有外部性，大家都会受影响。当不确定性和外部性达到最高程度时，政府配置最佳。在政府和市场边界之间是企业与非营利组织等其他弱科层形式。在此，不区分经济行为和社会服务行为，而是广泛地将科斯定理运用到一般的社会交易行为中。可见，对于政策网络而言，其适用的治理问题的外部性特征或程度将会高于市场机制下的问题属性，但也会低于政府直接应对的更高程度不确定性下的问题外部性属性。

二、从市场和科层组织的合约性质到政策网络的社会契约性

仅从功能视角来理解市场和科层组织的性质还不够透彻,经济学家张五常从合约视角来理解市场和科层组织的性质。

(一) 产品合约与要素合约:进化论的观点

张五常将市场理解为产品合约,将科层理解为要素合约。市场是关于一系列产品交易的合约,科层组织被视为要素合约对产品合约的替代,其性质是对产品合约进行替代的要素合约,政府、企业、非营利组织等都是要素合约,这种理解是非常深刻的,诺贝尔经济学奖获得者斯蒂格利茨的分成合约的信息模型等都是建立在张五常的佃农理论的贡献之上的,而现代金融契约理论几乎是张五常的合约理论的一种技术性翻版。关于要素合约和产品合约,用上文所说的家政服务案例解释便很清楚,不通过家政公司介绍而直接提供的家政服务被视为产品,是双方关于劳务家政产品的协议,这种协议可能是书面的或口头的,交易的机制是劳务市场,类似家庭医生在八小时工作之外去其他地方工作是市场行为,提供市场交易产品;当劳动者作为机构派出员工,机构和客户是产品合约,员工和机构之间是要素合约,员工和客户之间是要素合约,一系列要素合约共同构成科层组织形式。这些要素合约包含对员工工资、时间、方式、对象、标准等的约定,不仅包括劳动力要素,还包括员工使用的辅助工具,如交通工具、理疗器械等;既包含和员工相关的合约,还可能包括租赁厂房、金融机构贷款等合约。总之,科层组织是关于产品服务生产所需要的各种要素的合约。

　　张五常还将组织合约转换为更广泛的市场合约，将组织内要素合约和商品合约区分开。后来，政府也开始走向合约化，公务员也不再终身任职，而是签订用工合同、缴纳社会保险等，打造服务型政府，以服务外包等为中心来组织关于服务生产要素的合约，每个员工在政府中的责任边界日益清晰，此时，政府和社会组织高度相似。西湖大学的诞生是一个典型的社会契约，所有资金来源于社会募捐，政府提供土地和硬件设施，仅靠募捐理财的资金便可维持学校的正常运转，理事会和董事会帮助其募集资金、指导学科发展，校长受理事会的委托来招募老师和选拔学生。如果对要素和产品不做严格区分，科层组织与企业的性质就是一套合约安排，从制度规则角度来说，市场是约束行为的规则，但是从市场参与者关系角度来看，它是一套由具有完美信息的、没有外部性的、竞争性很强的大量参与者构成的特殊交易合约。从这种意义上来说，科层组织、社会组织、市场和政府都是某种形式的合约集合，而政策网络的性质一目了然，网络正是为了削减科层组织内部的结构，而网络视角不再将政府看作僵化的科层主体，而是将政府或者其组成部门纳入网络，如在医疗卫生政策网络中既有家庭医生、社区卫生服务中心，也有卫生部门、社会保险机构，这时便将政府和社会组织内部结构或行动者打开了。

（二）政策网络的社会契约性质：基于政策目标的赞同和抵制的互动调适

　　合约视角下的政策网络性质是将科层组织、市场、政府涉及的行动者原子化。一方面，将组织内部合约行动者打开，整合到以政策议题为中心的交易关系结构中。之所以能做到这一点，是因为科层组织可以从合约的角度来理解。之所以网络的方法具有可行性或必要性，是由于政策系统中所有的行动者在本质上都是同质的且原子化的，科层组织和政府这个庞然大物可以通过合约的方式将其解构。另一方面,政策网络以行动者为结点,以行动者之间的合约关系为线条,构造了一个包含政府在内的网状关系结构模式。这实际上构成了对政策网络最原始的理解,政策网络就像科层组织和企业一样,政策网络的契约性质就像企业与政府的契约性质一样,完全可以从契约角度对政策网络进行重新解释,是一系列契约关系,但这既不是产品合约,也不是要素合约,可能两者兼有。比如家庭医生网络中,家庭医生在社区卫生机构提供签约服务属于要素合约,在八小时工作外的创收则属于产品合约。家庭医生工作室内部可能还有子契约,比如聘用行政助手可能是政府补贴,也可能是自己按市场价格聘用。

政策网络从合约角度理解,尤其是在政府被解构的情况下,政策目标是如何展现的,社会学中关于社会网络的分析往往是不讨论目标的,但政策是有目标的。政策网络结构中政府目标和意图是如何嵌入的呢? 政策目标有很多种,其中很多是可以跟政府行动者联系在一起的,比如房地产调控政策包含经济增长目标、产业发展目标、价格控制目标、金融风险控制目标,等等。如果杠杆率过高,以贷款作为买房的主要资金来源,一旦房价下跌,个人和金融机构的风险就会加剧。

识别实现这些政策目标的相关作用路径并不困难,因为都有相应的行动者与之呼应,金融风险控制的目标是以金融机构对风险敞开的水平来决定的,而房地产价格控制目标是由房地产买卖双方市场交易价格的水平变动决定的。房地产业发展是由企业自身增长或供给量决定的,房产供给量越大或拿地越多,则整个房地产业发展越好。当然,房地产调控时也会考虑,如果调控力度过大,就会导致关联产业受影响严重,发展滞后或经济增长水平下降。房地产调控政策常在多重目标中徘徊不定,如不敢放任房价下跌幅度过大,就像金融市场波动幅度过大会产生金融安

全问题。如果这些政策目标是政府作为一个整体（并不限于某个部门）所
追求的，比如经济增长目标是与中央政府保增长压力或需求挂钩的，中央
政府要考虑整个国家的经济增长、金融安全以及协调效率和公平等问题。
房价上涨带动整个物价上涨，或货币贬值带来金融风险，这是中央政府考
虑的，地方政府则不太关心。一般来说，地方政府财政收入越依赖于房地
产部门的税收渠道，则越不愿意严格执行房地产调控政策。在多重目
标考量的情况下，在政策网络中，如图 4.2 所示，如果绝大部分政策子
目标可以嵌入行动者利益诉求中，且行动者和行动者之间的关系能反
映政策目标，则金融风险、产业发展、社会公平等都可以通过行动者之
间的关系网络表达出来。不过，也有些政策目标不容易通过特定行动
者表达出来，比如弱势者公平的利益保障或国家层面的通货膨胀控制
目标，除受政策目标直接影响的自身利益的行动者之外，其他行动者都
不太关心。

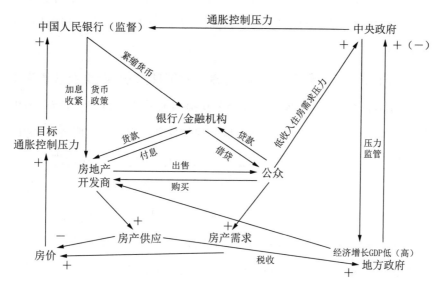

图 4.2　房地产调控中的多重政策目标与行动者之间的博弈关系

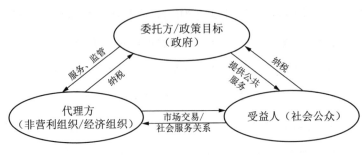

图4.3　政策网络中政府、代理人与社会公众

　　政策的决策者在网络中不能缺席,否则政策目标不能在网络中全面反映出来,政策实施和决策含义便不明显了。正因如此,我们可以看到委托方和代理方,前者相对于后者而言是在占有信息方面处于劣势的一方,以博弈论为基础的委托代理是形式化的合约或契约分析,即以信息为核心和以博弈论为主要语言特征的一种合约性质的机制设计理论。合约方分为两类行动者,一类叫代理人,具有信息优势;另一类叫委托人,具有信息劣势。例如各类房产中介都具有信息优势,并在向买家推销时利用其信息优势进行夸大,使得买家愿意付高价,而面对卖方时则会利用信息优势操纵交易。

　　由图4.3可见,委托方实际上体现了政策目标方。社会公众作为受益方,给政府缴纳税收,政府向社会公众提供公共服务、信息、道路、卫生及国防等。在非营利组织和政府目标之间,政府一方面提供服务,一方面需要监管非营利组织,这些组织也有向政府纳税的责任。在代理方和公众之间,代理方可以是医疗机构、养老机构、社工服务机构,也可以是经济组织。如果是经济组织,则为市场交易关系;如果是非营利组织,则为社会服务关系。将政府纳入后,政府的政策目标就成为委托人的目标,代理人则是合约的另一方。多方博弈即合作团队博弈,假设所有人采取一致行动(高度简化),如果考虑到个体差异性,则该模型很难清楚地刻画不同行动者之间的博弈关系。所以，博弈论大多是两方的博弈，如果能将以上三者关系分别两两用博弈论模型建立起来，则建模分析的难度会显著下降。不过，尽管如此，一旦政策网络的行动者数量或规模远远超过两个或三个，双边的博弈分析事实上难以满足对政策网络结构性质的理解，因此，有必要构造一个可以包容更多行动者的政策网络的契约分析模式。为此，我们引入社会契约理论的分析性概念内核，结合以上政策网络的功能性性质分析以及行动者之间的契约关系，构建以下一般性政策网络的社会契约性质的假说。

政策网络的社会契约性质定理：政府作为一种政策决策权威，在与该政策所有相关的行动者的交互或网络化的博弈关系结构中，就各种可能的政策子目标的相对重要性或优先序/偏好序进行动态妥协或平衡，试图尽可能多地获得行动者的赞同或支持，或尽可能少地减少各相关行动者的抵制或反对。

推论 1：当政策网络中不存在行动者的反对或抵制时，即所有政策相关行动者对政策目标一致赞同或所有行动者的行为动机与政策目标是激励相容的，则该政策网络结构具有协作型网络特征。

推论 2：如果政策网络中各行动者之间难以达成一致赞同即激励不相容，则相关行动者的反对和抵制力量越强大，政策网络结构越松散，缺乏协作型特征。

三、 政策网络的理论与实践功能

如何认识政策网络的功能可以与如何理解政策网络的合约属性结合起来看，将政府和科层组织打开，将所有的行动者扁平化看作要素合约对市场合约的一种替代。政策网络的合约性质如何界定？从威廉姆森的角度来定义的话，政策网络是作为介于市场和科层组织之间的一种中间组织形态。如果强行把它看作完全理想型的科层组织，则是韦伯型的科层组织，即将所有人视为官僚制，天生只能接受指令，变成机械系统。另一端则是完全市场的，即竞争的、多元的，信息完全透明充分的。网络则是两个极端状况下的中间状态，同时具备市场和科层组织的功能。如果从合约角度来说，则是以上提到的张五常的观点。

借用经济学文献中的理论元素，从政策研究角度可以对政策网络设定以下功能。

第一，政策过程的解构或解释性功能。包括原来拉斯韦尔的政策阶段论，即政策决策、议程设置、实施、评估等相互割裂的过程阶段或功能被统统解构和打通，政策网络中的行动者可能是跨界的，无所谓是在哪个层次或哪个政策阶段，即政策网络可以被用来解释政策过程中的不同阶段，从而强化了政策网络的解释功能。

第二，政策网络关系的形成或构造具备实践指导性功能。对政府来说，如果善于运用网络思维来管理公共生活，则社会民主参与基础更有可能扩大。在实践过程中，如果始终将政府视为网络关系，观念上就不会出现高高在上的管理者、监管者、命令者、领导者角色。而是政府把自己置身于网络，注意观察、测试其他行动者对其政策目标的反应，更多地聆听不同行动者的声音，包括基层民众的声音。显然，政策过程是面向民主的政策。

第三，政策干预的工具性功能。在网络关系中理解政府干预就能够把它转化为激励性的合约关系，能在不同的行动者之间形成合作剩余，从而促进个体目标和政策目标的一致性。比如说家庭医生和基本医疗卫生组织之间，患者、社区健康自我管理小组、医保机构、街道居委会等很多行动者之间网络关系的构建，无论如何构建，最终目的是使家庭医生和所有患者的行为都发生改变，这将有助于政策目标的实现，即患者健康行为习惯改变、预防和治疗并重以及医疗费用下降，二三级医疗机构人满为患的情况得到缓解，从而使医生提高服务质量，更多去关注疑难杂症而非在常见病上耗费大量时间，并提高资源配置的效率。这实际上就是网络最终的政策工具性功能——使得网络中所有个体的行动和政策目标一致。此时政策工具在网络中的含义就要转化为一种激励功能，实现行动者的合作共赢。

以上我们从科层和市场的功能性类比和延伸讨论的角度对政策网络性质进行了重新认识和思考，这与从政策网络的各种要素属性的角度来理解网络的属性高度一致。显然，和作为一种组织形态具有功能性或从行动者关系角度来定义政策网络的功能不同，这里我们从政策网络自身具有的理论和实践功能性拓展了其讨论的空间。

四、　政策网络的边界和范围

"企业的边界在哪里"是科斯、哈特等经济学家在关于市场科层组织研究方面的一个经典问题。张五常认为企业的边界是模糊的，有的是产品合约，有的是要素合约，有的则处于中间状态。在科斯和威廉姆森的视角下，企业的范围就像之前提到的电力企业和煤炭企业之间的关系一样具备不确定性，是由交易费用决定的，交易费用高则可以用长期合约替代市场，企业的边界在逐渐扩展，产业链越拉越长。我国的证券公司和银行分业经营，而西方很多是混业经营，证券公司可以吸收储蓄，从事银行业务。银行可以从事证券委托代理业务，说明金融行业中证券和银行的边界可以打通。

从政策角度来理解经济金融政策一样可以研究,政策网络的边界在什么地方呢?既然企业有边界,政府的边界在哪里?政府在西方社会一直是介于最小政府和最大政府之间,政府和市场的边界是民进国退还是国进民退一直以来争执不休,这些问题与我们讨论的"政策网络的边界在哪里"是一脉相承的,都要运用这些理论去思考。政策网络以政策问题为导向,有时看似独立的两个政策网络完全可以为了共同的议题而变为一个网络,政策网络的边界和范围是由政策问题性质决定的。看似是一个政策网络也可能分解成很多独立的子政策网络,比如医改政策网络可能分解为医保政策网络、医药品流通、医疗服务,等等,政策网络的边界和范围飘忽不定,是由重要政策议题性质定义的。我们所讲的政府的边界、企业的边界、非营利组织的边界,关于这些问题的讨论和文献研究,对我们理解政策网络的边界和范围仍然十分重要,能够提供借鉴。

本讲讨论提纲

1. 如何理解市场的性质与科层组织的性质?(科斯和张五常的贡献:组织的性质是什么?)

2. 如何从功能的视角和合约的视角理解市场和科层组织制度的差异?

3. 如何理解政策网络的合约属性?作为介于市场和科层组织之间的一种中间组织形态,政策网络的合约性质如何界定(威廉姆森)?

4. 如何理解不完全合约?如何从不完全合约的视角分析政策网络?如何认识政策网络内部合约的不完全性?(2016 年诺贝尔经济学奖授予哈佛大学教授奥利弗·哈特和麻省理工学院经济学教授本特·霍姆斯特

朗，以表彰两位经济学家在契约理论方面做出的杰出贡献。经典问题是：谁应该控制组织？组织的边界在哪里？)

5. 如何理解政策网络的多重合约构造的复杂性？

6. 如何认识政策网络的功能与作用？

参考文献

［美］奥利弗·哈特：《企业、合同与财务结构》，费方域译，上海三联书店、上海人民出版社 1998 年版。

［奥］哈耶克：《知识在社会中的运用》，载《个人主义与经济秩序》，生活·读书·新知三联书店 2003 年版。

张五常，《企业的契约性质》，载 Journal of Law and Economics，26 （April 1983）：1—21。

赵德余：《市场是如何被消灭的？——粮食统购政策执行中合约规则的演变及其制度功能含义》，载《中国社会科学辑刊》2010 年冬季卷。

B. Holmstrom，P. Milgrom，A. Roth（eds.），2002. *Game Theory in the Tradition of Robert Wilson*，BEPress.

Holmstrom，Bengt，1982. "Moral Hazard in Teams." *The Bell Journal of Economics*，13(2).

P. Deleon and D.M. Varda，2009. "Toward a Theory of Collaborative Policy Networks：Identifying Structural Tendencies"，*The Policy Studies Journal*，37(1).

Ronald H. Coase，1937. "The Nature of the Firm"，*Economica*，4：386—405.

Williamson，O.E.，1975. *Markets and Hierarchies Analysis and Antitrust Implications A Study of Internal Organization*. The Free Press.

第 5 讲
政策网络结构的社会契约基础：
完全合约与不完全合约

一、 引言：政策网络的社会契约结构

  既然政策网络是由一系列具体的行动者之间的双边契约或合约关系所构成的一个整体，那么，很显然，政策网络中任何一个关键的契约关系的稳定性或与政策目标的一致性都会影响政策网络自身的效果。可见，契约分析不仅可以模型化政策网络分析的结构性要素，解释政策决策或制度设计存在的契约逻辑尤其是不完全契约（incomplete contract theory）隐含的潜在政策风险，而且也能为观察和解释政策实施过程中出现的大量不确定性或冲突所造成的政策失败提供重要的分析工具。

  当然，契约分析还可以将我们的注意力从复杂的政策网络结构中转移，使我们聚焦网络结构内部具体的行动者之间的微观合约关系，从而有助于我们把握政策网络运行的微观行为动力机制（赵德余、沈磊，2008）。已有的文献关注政策制定或实施与合约及其交易技术特征之间的关系问题，如 2016 年的诺贝尔经济学奖授予奥利弗·哈特（Oliver Hart）和本特·霍姆斯特朗（Bengt Holmstrom），他们的不完全合约研究对于制度

经济分析以及政策设计研究具有重要的启发和贡献。

二、 完全合约假说的性质及其条件

(一) 完全合约的性质和要素

完全合约理论假设人是完全理性的,企业双方对交易条款和交易环境的潜在风险知识或信息是完全的,但可以存在不对称的理解。显然,理想的竞争性市场制度本身就是一个典型的完全市场合约机制,即按照阿罗-德布鲁范式,生产者和消费者都会最大化地根据市场价格信号调整交易数量,或者按照一定的生产交易规模调整最优的资源要素配置水平。

按照完全合约假说的逻辑,即使契约的不同行动者之间存在不对称信息,如契约的雇主和雇员之间存在雇主对于雇员努力程度的不对称信息,理性的委托人或处于信息劣势的行动者也会设计一个最优的激励机制以最有效地监督和激发代理人(即处于信息优势的行动者)按照与委托人利益相一致的方向努力工作,以确保双方激励相容,从而避免代理人的机会主义动机或惩罚代理人的寻租行为。可见,完全合约的机制设计具有高度的可自我实施特征,即依靠契约内部的激励性机制,可以自动地引导代理人的行为与委托人的利益目标保持一致性。

(二) 最优合约设计理论的条件及其局限性

基于信息不对称特征的代理理论聚焦最优合约的机制设计,其局限性在于促成有关合约的交易各方的激励相容性目标,但是,对于各行动者之间交易的更多的复杂性以及相关行为约束规则或制度安排本身却被视为外生给定的,难以纳入分析。特别是,基于最优合约机制的政策在实施

过程中会面临大量的不确定性以及行动者自身的有限理性等因素,也难以确保最优合约的解释能力:

(1)过于突出合约的事前机制设计,尤其是信息的重要性,而弱化了合约事后执行的不确定性;

(2)过于突出信息因素,而忽略了交易多维度属性、交易费用和机会主义等其他因素的重要性;

(3)过于突出行动者的理性能力,而忽视了真实世界中行动者的理性能力是有限的;

(4)过于突出对代理人努力程度或变量的可观察性和可预测性(对可变变量观察的成本),而忽略了合约的缔约成本事实上是不断变化且难以预测的;

(5)对于环境的变化认识过于乐观且坚持风险的概念可以测量且可控,而忽视了环境变化的不确定性难以运用统计概率加以测量。

哈特(1998:24)对委托代理理论做出这样的总结性评论:"最优合约不是最佳的(因为它不能直接依赖于像努力水平这样的只能被一方观察到的变量),但是,它将在最大可能的程度上明确规定未来所有状态下所有各方的责任。正是在这个意义上,这种合约依然是'完全的'。结果,将来各方都不需要对合约再进行修改或重新商定,因为如果各方对合约条款进行修改或增加,那么,这种修改或增加应该已经被预期并且已经被纳入最优合约设计。"

很显然,哈特对完全合约的评论也同样适用于对政策理性决策或最优政策设计的分析,即完全理性的政策决策者或政治权威在与所有政策相关的行动者之间就某种类似于社会契约性质的政策方案进行设计时,也会充分考虑到政策的具体目标以及实现目标的最优的政策工具,并且据此充分地预期到各种环境风险概率之下、各类目标引导之下的政策工具的收益-成本比较,从而无成本或轻松地确定最优的政策干预工具。不过,对于政策决策网络而言,这类社会契约的设计和一般代理合约的设计最大的区别在于后者是双边合约,而政策合约的设计是多边的、网络结构化的众多行动者之间缔约,但是,如果满足完全合约的假设条件,增加缔约的行动者数量并不能改变政策网络的社会契约的完全性特征。

三、 政策网络结构中的不完全性合约分析 (ICT)

(一) 合约的不完全性根源及其合约特征的后果

哈特根据交易费用理论分析了合约不完全性的三个逻辑递增的因素,即在一个复杂多变的世界里,行动者是不可能对各种可能的未来情况做出预测并制订计划;即使能够制订某个或某些计划,缔约各方也很难就各种可能的计划全部达成协议或合约;况且,即使能够达成相关计划的协议,对于计划协议的表达和如何执行也无法保证完全没有争议(哈特,1998:26)。

合约的不完全性根源与完全合约的假设条件高度关联,即放宽任何一个完全合约的条件,就会造成合约的一个不完全性根源。

一旦不同行动者之间的合约是不完全的,那就意味着行动者之间就一些交易的数量、质量、规格,或者在何种情形下各个行动者对于合约的责任或权利并不能准确和清楚地确定下来,无论合约的各方如何努力完善合约的具体条款,仍然存在一些合约条款的缺口或遗漏。毫无疑问,这些合约中的缺口或遗漏会为合约的执行及其隐含的潜在冲突增加协调的难题。以长期护理为例,长期护理保险政策中护理保险机构、护理服务机构以及享受长护险保障的老年人之间有关长护险服务以及支付合约的条款尽管非常详尽和细致，但客观上仍然是具有不完全合约性质的。

于是，护理保险机构（甚至医保监管机构）和长期护理服务机构以及作为被服务对象的老年人之间会就长期护理服务项目的清单目录、数量、质量和支付标准等条款进行讨价还价或协商，以确定某家长期护理服务机构和老年人可以享受何种范围和何种数量或标准的服务费用支付水平。

直观而言，长期护理政策合约的条款越模糊，各个行动者之间争论和分歧的内容就会越多，而各方之间在合约的协议达成阶段产生的谈判协商等交易费用也会越高。同样，达成交易之后履行或执行长期护理保险政策合约条款也存在严重的信息不对称以及讨价还价成本高企等问题。除此之外，威廉姆森意义上的专业性投资也会产生所谓讨论的风险或成本。事前任何一方的专业性投资都会成为另一方对其进行"敲竹杠"或敲诈勒索的筹码，这无疑会遏制合约中各个行动者在达成合约之前进行事前专用性投资的动力。如长期护理服务机构为了获得护理保险覆盖的资格，会对各个社区长期护理服务站进行人力资本和设施资源的专业性投资，但是，一旦投资完成并获得长护险支付资格之后，护理保险机构也会同时对等地进行对保险支付设施如数据线和资金支付安全性建设的专业性投资。于是，每一方的专业性投资都面临被对方的机会主义行为套牢的风险。如长期护理服务机构悄悄地降低了长期护理保险合约规定的护理服务类型和质量标准，而护理保险一旦中止其长护险服务资格，其之前的专业性投资则完全失去价值。类似地，护理服务机构也面临护理保险机构的要挟或政策打击的风险，即护理保险机构削减甚至取消护理服务机构的支付水平或资格，这意味着长期护理服务机构原来在一些地方的专业性投资设施和资源的价值迅速贬值或丧失，即面临长期亏损的处境。

显然,本来意义上的事前专用性投资会提升威廉姆森式治理交易相关方的信任感和合作缔约的动机和激励,但不完全合约却在另一方面遏制了这种专用性投资对合约维护或信任增强的正向激励效应。

(二) 不完全性合约分析的经典模型:GHM 模型

GHM 模型是两个行动者的代理模型。当完全合约难以维持时,其中一个代理人应该拥有资产,即对合约事前不能计划或确定的事项拥有事后的决策控制权。而拥有最后控制权的行动者应该更有激励或动力进行关系专用投资。鉴于 GHM 模型的复杂性,以下仅用一个简化的 GHM 模型来展开讨论,分两步进行:假设一个信息完全的完全合约模型,然后在此基础上引出不完全合约模式。

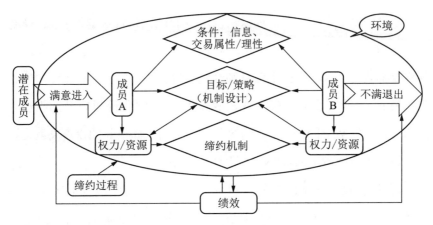

图 5.1　不完全合约分析的缔约要素结构

1. 信息完全的完全合约模型

在信息完全的完全合约下,合约双方如护理保险公司和长期护理服务机构确定一个合约的交易价格条款。关系专用投资者根据这个价格确定收益最大化的投资水平。假设长期护理服务机构和护理保险机构分别为 A 和 B。其中，A 机构生产或提供老年长期护理服务，出售给参保老年人以换取支付方 B 机构的共同付费；而 B 机构从护理服务机构 A 购买其长期护理服务给其满足护理保险资格的受益人。在 T_0 期，护理保险机构 B 对医保支付设施进行投资 i，如果能与护理服务机构 A 达成长护险服务定点交易合约，则在 T_1 期长护险政策合约产生的照护服务总收益为 R(i)；由于这种护理保险支付网线设施投资属于专用于护理服务机构 A 的关系性投资（即仅仅在与其交易伙伴 A 维持合约或合作的情况下有价值），因此，该投资也被称为沉没成本。根据投资效率递减原理，有 $Y>0$，$Y'>0$ 且 $Y''<0$，再假设护理服务机构 A 的管理服务成本为 0，则长护险服务机构和保险机构合约的总收益或总社会福利最大化的一阶条件为：

$$\text{Max } Y(i)-i；\quad 令 d/di[Y(i)-i]= 0，得 Y'(i)=1$$

假设满足上面条件的护理保险机构 B 的最优投资水平为 i^*，护理服务的合约支付价格为 p。当投资 $i=i^*$ 时以均衡价格 p^* 成交，才能保证交易双方都获得正收益。由于信息和合约是完全的，事前规定合约护理服务价格 p。假设护理服务机构 A 的收益为 y_1，护理保险机构 B 的收益为 y_2，则 $y_1= p$，$y_2=[Y(i)-i]-p=R(i)-i-p$；如果 B 的投资决策是按利润最大化原则做出的，则 $y_2= Y(i)-i-p$。

可见，在投资水平既定的条件下，$i=i^*$，双方的利润都取决于合约产品的价格 p。如果这个价格是在 T_0 期通过合约确定的，则其他条件不变的情况下，专用投资水平会达到最优，预期双方都能获取正利润，合约交易会在 T_1 期发生，或者说，长护险服务合约可以被交易双方执行。

缔约博弈困境 1：B 在 T_0 期做出了关系专用投资，且形成沉没成本。一段时间之后，没有被纳入长护险资格的护理站开始消失，于是，在长期护理服务不存在竞争或区域性垄断的条件下只剩下护理服务机构 A，假设因为该机构相关服务维护成本很低，即 A 没有进行关系专用投资（其实，这是不准确的，护理机构进行的护理站建设也属于专用性投资），则护理服务机构 A 的谈判力增强，并以亏损或无法生存为理由要挟停止执行长护险政策合约，且无法继续为护理保险机构 B 的合格客户或老年人提供护理服务。那么，护理保险机构 B 只好与 A 重新协商合约支付条款。而护理服务的支付范围和水平显然将取决于双方的谈判力。假设护理服务机构 A 拥有绝对的主导性谈判力，护理服务的支付价格 p 会升至等于全部总社会福利或收益，即 $y_1 = p = Y(i) - i^*$，$y_2 = 0$[①]。护理保险机构 B 的收益为 0 或无法获得任何好处，于是，在 T_1 期不会有护理合约交易或合作出现。既然信息是完全的，护理保险机构 B 当然也会预期到这种情形；在 B 没有任何合作收益的情形下，在 T_0 期 B 根本就不可能进行护理保险设施的投资，毕竟如果护理保险机构预期自己得不到任何收益，也不会授予 A 长期护理服务机构的保险定点资格。

缔约博弈困境 2：假设长期护理服务提供行业存在竞争性，除了护理服务机构 A 之外，还有许多护理服务机构或护理站。于是，护理服务机构 A 就无法获得与护理保险机构 B 进行交易谈判时的优势地位，从而导致支付条件不断恶化，甚至降到 0 或被迫以极低价格甚至亏损的代价为老年人提供护理服务，而护理保险机构 B 获全部社会收益。于是，护理服务机构 A 收益为 0，甚至亏损，即 $y_1 = p = 0$；护理保险机构 B 的收益为 $y_2 = Y(i) - i - 0 = Y(i) - i^*$。但是，由于无利可图，且能预期到这一点，

---

① Y = 0 的经验含义是什么？这里 Y 意味着长护险机构从其所覆盖区域的老年人对其所享受长护服务的社会满意度评价中所获得的社会政治收益或效应，但是该社会政治效应具有主观性，一旦政治家或决策者感觉到某个临界点，超过该点就会觉得财政投入或长护险基金投入是得不偿失的，则该临界点就具有社会边际收益为 0 的特征。

护理服务机构 A 是不会提供任何长护险规定的护理服务的,因此,在 T_1 期也不会与护理保险机构 B 有交易发生;护理保险机构 B 当然也会预期在 T_1 期不会有合作交易出现,也不会在 T_0 期进行专业性投资。

缔约博弈困境 3:在护理服务机构 A 存在竞争性的情况下,由于长期照护服务的事后测量验证和监督费用高昂,护理保险机构 B 可能发现或认为护理服务机构 A 的服务质量不符合长护险政策合约的规定或要求,从而降低支付标准甚至拒绝按照长护险政策合约规定的支付标准予以支付。或者在护理保险机构 B 存在违约风险的情形下,护理服务机构 A 降低了护理服务的质量,护理保险机构 B 抽查核对之后停止支付,导致长护险政策合约难以有效执行。

即使在完全信息的条件下,签订一份能保证合约双方都能执行的完全合约也是非常困难的。不完全合约分析与代理理论的重要区别在于代理模型是以信息不对称为前提的,即存在委托人的"隐藏行动"和代理人的"隐藏信息"等问题。由于委托人和代理人之间的信息不对称及其风险偏好的差异,设计一个事前的完全合约来解决激励问题是必要的。但是,一个完全的合约由于随时间的推移而出现事后的讨价还价以及不断修订或重新商定是不可能的,从而这样的合约也只能是不完全合约。此外,专用投资导致的机会主义行为性质的"要挟"也会加剧合约的不完全性质(哈特,1998:27)。

2. 完全信息下不完全合约模型

从完全信息下的"不完全合约"角度来看,如果护理服务机构 A 谈判力不断增强,只要长期护理服务的支付水平还在护理保险基金的承担能力范围内,以确保护理保险机构 B 可以获得一定收益,双方博弈的合约关系就还会维持。当然,关键的难题是 A 提供的长期护理服务能满足护理保险机构 B 或长护险政策合约的要求或标准吗? 靠什么机制来保证护理服务机构 A 照护服务的质量呢? 事前起草或制定一份详细规定长期照护服务质量要求的合约能否解决这一问题呢? 前文讨论的不完全合约模型显然暗示了:由于存在不可预知的事情,长护险政策合约事前不可能对长期照护服务的质量做出完全精准的规定。长护险的支付水平只能通过事后多次重新谈判和调整加以确定。当然,即使假定长护险政策规定的护理服务质量和专用性投资水平在事前是可以预见和可观察的,但是其却无法被第三方比如法院或长期护理服务评估机构所证实。在机会主义和道德风险存在的前提下,加上信息完全为长护险政策合约双方所知晓,上述一切也都在双方的预期之中,因此,仍然不可能有合作交易的出现。总之,长护险政策合约的不完全性是肯定的和不可避免的。

在合约不完全性假定下,以上分析表明在极端情况下,长护险政策合约的任何一方收益为 0,则专用性投资或合作交易将会非常困难。假设在 T_1 期根据具体情况重新谈判,以决定长护险政策合约服务的支付水平和事后收益 $Y(i)$、收益 y_1 和收益 y_2。合作失败对长护险合约各方都是损失。可见,各方都会进行专用性投资,如护理保险机构 B 对保险支付设施进行投资,而护理服务机构 A 则对护理站设施以及相关人力资源进行专用性投资,而其中一方在事后的服务质量和支付条件谈判时做出适当的让步。显然,首期投资由于其关系投资性质成为沉没成本,如果 A 采取机会主义行为降低护理服务质量或偷偷"缩水"服务数量,护理保险机构 B 则会损失保险基金资源。而停止长护险合作资格,护理服务机构 A 也无法获得任何收益。在护理服务机构 A 做出妥协的情况下,只要护理保险机构 B 获得一定的社会收益,在 T_1 就有可能进行交易。至于事后交易的收益 y_1 和收益 y_2 各自的大小,则取决于双方的谈判力。如果假设双方都从事关系专用投资,且都存在竞争者(当然,真实的情形可能不同,对于护理保险机构而言,护理服务提供机构是存在竞争性的;而对于护理机构而言,护理保险机构具有高度的垄断性,并不存在替代性的选择),那么护理保险机构和护理服务机构之间的博弈具有谈判力相似的事后"双边垄断"特征,这意味着一种可行的支付分配规则是收益"对半"划分。因此,护理服务机构获得的支付水平或价格 $y_1 = p = Y(i)/2$,而护理保险机构 B 的收益为:$y_2 = Y(i) - i - p = Y(i)/2 - i$。

由于 y_2 是 i 的函数,在事前(T_0 期),护理服务机构 A 最大化其收益函数以决定其专用性投资水平。其最大化的一阶条件为:

$$\text{Max } Y(i)/2 - i; \quad \text{令 } d/di = [Y(i)/2 - i] = 0, \text{得 } Y'(i) = 2$$

假设满足上述条件的投资为 i_0,这显然小于以上讨论的完全合约时最优专用性投资水平 i^*(假定 $Y'' < 0$),可见,在 $Y > 0$ 且 $Y' > 0$ 条件下,护理保险机构和护理服务机构都不愿意增加太多的专用性投资,这对于社会整体而言,资源配置是缺乏效率的。如果用一个简单的图式来描述存在事后议价时专业性投资不足的情况则会更加直观,如图 5.2 所示,i^* 是完全信息下完全合约时的护理服务机构和护理保险机构收益最大化的专用投资水平,i_0 为合约不完全下存在事后谈判协商时双方收益最大化下的专用投资水平。i^* 位于横轴的右边,即 $i_0 < i^*$,表示在不完全长期护理保险政策合约条件下,专业性投资水平的不充分。

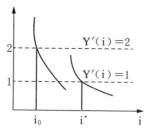

图 5.2　完全信息下不完全合约中专用性投资水平的决定

也就是说,护理服务机构并没有在改进护理站空间布局以及护理人员的培训或素质提升方面最大化地进行充分的专业性投资。而长期护理保险机构也不愿意对承办的护理服务机构的服务(质量或数量)监测及其相关支付的硬件设施进行充分的专业性投资。于是,双方缺乏信任的策略性行为造成的无效率对于完全平分收益之外的其他支付水平或原则的情形也同样具有适用性。当然,只要护理服务机构和护理保险机构还可以获得正收益,从以上讨论中得出的一个结论是:即使事后谈判议价且其中一方做出让步,让交易能够进行,也仍然存在"专用资产投资不足"的问题。专用资产投资不足导致整个社会长期护理服务资源配置效率的低下,这不仅影响或降低了整个社会的总收益,而且也降低了护理服务机构和护理保险机构自身的利益。

不完全合约分析的启示:对于致力于企业理论研究的经济学家而言,合约不完全性引起的事前专用性投资不足及其市场效率的降低的主要解决办法或途径是通过对两个具有高度相互依赖性资源的企业 A 和企业 B 进行纵向"一体化"的合并等方式来实现的。但是,对于非完全竞争性市场环境中的政策行动者之间的不完全合约关系,如何化解其专用性投资不足或相互冲突的难题呢? 显然,完全的垂直一体化对于护理保险机构和护理服务机构而言似乎是行不通的或不可能的,但是,如何构建一种更加紧密的对双方都具有更强约束力的长护险政策合约或制度规则却是至关重要的。与竞争性市场环境中的企业边界问题不同,政策网络环境中的诸多不同行动者之间的不完全合约问题将会导向如何设计最优的监管政策合约和更加紧密的激励相容性考核-支付机制等方面。毫无疑问,在长护险政策网络中,相关政策行动者数量众多,已然超出了护理保险机构和护理服务机构的双边关系,还涉及卫健委和医疗保障局以及独立的第三方长护险评估机构和作为护理服务对象的老年人等多重行动者之间交互作用的合约关系。此外,在长护险政策网络环境中,多数行动者包括护理服务机构和第三方长护险评估机构可能并非完全意义上以营利为目的的企业法人,而是具有和企业相比经济理性更弱一些的非营利组织法人。那么,以上这些复杂因素虽然并不能完全否定不完全合约分析方法的适用性,但的确在一定程度上将会弱化或复杂化不完全合约分析模型的运用能力。

四、 不完全性合约分析方法特征及其对政策网络研究的含义

(一) 不完全性合约分析方法的特征

奥利弗·哈特与两位合作者撰写的两篇经典文章奠定和确定了不完全合约理论的基本分析模型和框架(Grossman and Hart,1986;Hart and Moore,1990)。不过,不完全契约理论的主要成就还局限于经济学家的研究工作,已经被广泛运用于企业理论、产业组织、公司金融以及制度经济学和法律经济学等研究领域。

表 5.1 从行为假设、信息以及环境假设、合约不完全的来源及其作用等五个方面对不完全合约分析与治理型合约理论(NIE)以及政策网络的不完全合约分析进行了一个直观的比较。可以看出,本讲提出的政策网络不完全合约分析方法事实上是充分综合了不完全合约分析与治理型合约理论两种分析范式的基本要素。其中,在行为和信息假设方面,政策网络不完全合约分析方法基本上吸收和继承了交易成本理论的假设,当然,其中的信息假设不仅仅考虑信息的不对称问题,不完全合约分析也同样考虑信息的不完全性。在环境假设方面,政策网络不完全合约分析需要同时考虑风险和不确定性两个方面的因素。于是,在合约不完全的来源

表 5.1　不完全合约分析与治理型合约理论以及政策网络的不完全合约分析
的比较

合约理论	行为假设	信息假设	环境假设	合约不完全的来源	合约的作用
不完全合约理论	充分理性	签约人与第三方当事人的信息不对称	风险	关键变量的不可证实性	主要是一个拥有最小化投资扭曲的激励性工具
交易成本理论	有限理性/机会主义行为	所有当事人之间信息不对称	不确定	主要是有限理性	主要是一个用于最小化交易成本的适应性工具
政策网络不完全合约分析	有限理性/机会主义行为	所有当事人之间信息不对称，且不完全	风险、不确定性	有限理性、不完全(不对称)信息、交易费用或不可证实性	各行动者行为策略与政策目标的一致性下最小化投资扭曲和交易成本

资料来源：第一行与第二行来自斯特凡娜·索西耶，2003；第三行为作者自制。

方面，政策网络不完全合约分析方法考虑的因素要包括但多于不完全合约分析与治理型合约理论的因素，如有限理性、不完全(不对称)信息、交易费用或不可证实性等。当然，对于合约的作用而言，不完全合约理论主要是考虑一个拥有最小化投资扭曲的激励性工具，而交易成本理论则主要关注一个用于最小化交易成本的适应性工具。相比较而言，政策网络不完全合约分析会更加侧重于在各行动者行为策略与政策目标的一致性的前提下考量如何最小化交易成本的适应性工具以及最小化投资扭曲的激励性工具。

当然，将不完全合约分析方法纳入政策网络分析需要考虑行动者之间更加复杂的关系及其合约结构问题。如图 5.3 所示，不完全合约分析可以为我们提供一个关注和搜寻政策网络中一些关键行动者之间合约关系套牢和低效率问题的分析视角。而一旦从不完全合约角度理解这些问题，如信息不对称下的机会主义包括逆向选择和道德风险问题以及交易费用过高造成的合约行为不可证实性问题等，就会成为政策研究特别关注的焦点。政策网络中制度设计或机制设计需要引导行为或确保强制性执行以克服以上问题，如常见的治理机制包括激励威胁机制、监督机制以及仲裁机制等。若这些治理机制或机制设计会构成政策网络中的网络规则，从而引导行动者的行为策略与政策目标趋于一致，则政策网络的效果会更加理想，否则，政策网络的效果会面临挑战。

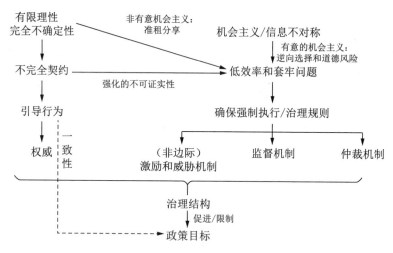

资料来源：埃里克·布鲁索、姆汉德·法里斯，2003。

图5.3　不完全合约方法在政策网络分析中的运用

（二）不完全合约对政策网络影响或后果：对长期护理保险政策网络的进一步讨论

以上第三部分关于长期护理保险的不完全合约分析是假设政策网络结构中其他行动者以及网络规则给定的前提下进行的，不过，如果放宽这一假设的话，结合图5.3，我们可以对长期护理保险政策网络中的不完全合约问题做进一步讨论。如图 5.4 所示，结合前文分析，长期护理服务机构和长期护理保险机构之间的不完全合约问题造成了双方对于长期护理服务以及支付设施的专用性投资不足，那么，政策网络系统中哪些治理机制可以矫正或应对不完全合约引起的套牢或低效率问题呢？图 5.4 给出了三种潜在的治理机制：首先是激励约束机制，即长期护理服务机构、作为服务对象的老年人以及长期护理保险机构三方之间需要重新反复试错或试验，以设计出最优的三方合约机制，最大化地降低长期护理服务机构和长期护理保险机构之间由于不完全合约造成的套牢风险以及相应的彼此不信任问题。有效的激励约束机制应该尽可能地降低或弱化长期护理服务机构、作为服务对象的老年人以及长期护理保险机构三方的机会主义动机或寻租行为。

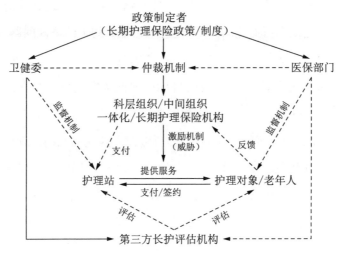

图 5.4　长期护理保险政策实施网络分析模型

　　其次是有效的监管或监督机制，即长期护理保险政策网络中最核心的合约主体如长期护理服务机构、作为服务对象的老年人以及长期护理保险机构等各方客观上都面临相应的监管部门的监督，如卫健委、民政部门以及医疗保障部门等。不过,监管机制的有效性依赖于监管者本身的监管意愿、监管动机及其力度等,而不同监管者之间的权力和责任边界的清晰度也同样影响长期护理保险业务的监管效果。很显然,不同监管者的意愿或目标取向会存在差异甚至冲突,如卫健委对于长期护理服务机构的监管更关注其护理服务的合规性以及质量安全等问题,民政部门更侧重于长期护理服务机构的非营利性质以及组织运营的规范性(包括生存压力)。相对而言,医疗保障部门则更关注长期护理保险费用支付的合理性以及费用增长控制的压力等。各个监管部门的监管力度提升无疑会有助于引导不同的合约主体的行为与长期护理保险政策目标的取向更加一致。

最后,仲裁机制是不可或缺的。对于政策网络中的不完全合约而言,由于合约的不完全性,各个行动主体之间就合约的交易或服务内容产生分歧或争议也是不可避免的,如何化解不完全合约中的争议问题,就需要一个强有力的高效的仲裁机制。但是,考虑到监管部门(如卫健委、民政部门以及医疗保障部门等)各自的目标取向或监管动机也存在差异甚至冲突,那么,有效的仲裁机制内在地需要独立的第三方或跨越该三方行政监管部门(如更高一级的政策制定者)负责设立独立的长期护理保险业务争议调解或仲裁机制或许就是一种可行的选择。但事实上,跨部门的协调机构(如老龄委、医改领导小组等)并不总是存在,或者即使存在也并不总是能够有效运作的。

五、 结论与讨论

政策网络或政策过程的社会契约结构可以被具体的行动者之间的合

约(包括完全或不完全合约)形式加以解构和解释。而这一点决定了制度分析或制度主义对于理解政策网络结构及其模型的构建具有深刻的意义。当然,造成不完全合约的根源除了交易属性的可测量难题之外,信息不对称和不完全信息也一样会造成政策执行过程中代理人的机会主义或寻租行为。合约不完全性决定了行动者之间的交易合约关系或博弈中的剩余控制权(包括剩余决策权和剩余收益权)的配置具有举足轻重的作用。激励机制设计上一个很重要的理论含义是:如果有两个变量,一个可度量而另一个不可度量,如果给可度量的变量提供非常强的激励,不可度量的那个变量就不会有激励(钱颖一,2017)。合约不完全性还决定了政策合约或政策设计中的工具性条款本身的激励与约束性质的不完全性。同样,合约不完全性也意味着政策实施中的环境及其局部行动者之间关系后果的不可预测性,并进而影响政策实施的各个关键行动者之间复杂契约关系结构的不确定性。无论哪一种不完全合约特性,都会塑造和影响政策网络的结构特征及其实施效果。

本讲讨论提纲

1. 如何理解完全合约与不完全合约的变体类型?

2. 如何理解完全合约方法的核心分析要素? 激励机制如何设计? 团队生产的逻辑是什么? 信号在合约中的功能性意义是什么? 如何理解博弈论在合约分析中的价值及其局限性?

3. 如何理解政策设计合约与政策实施研究中的合约分析方法存在的差异性?

4. 如何理解政策网络的多重合约构造的复杂性?

参考文献

[法]埃里克·布鲁索、姆汉德·法里斯:《不完全契约和治理结构:不完全契约理论和新制度主义是替代还是互补?》,载[美]科斯、诺思、威廉姆森等:《制度、契约与组织:从新制度经济学角度的透视》,刘刚等译,经济科学出版社 2003 年版,第 465—487 页。

[美]奥利弗·哈特:《企业、合同与财务结构》,费方域译,上海三联书店、上海人民出版社 1998 年版。

钱颖一:《合同理论的中国意义》,载《中国改革》2017 年第 1 期。

[法]斯特凡娜·索西耶:《不完全契约理论与交易成本经济学:一个检验》,载科斯、诺思、威廉姆森等:《制度、契约与组织:从新制度经济学角度的透视》,刘刚等译,经济科学出版社 2003 年版,第 439—464 页。

赵德余、沈磊:《政策网络结构的系统动力学机制:居民健康自我管理的个案研究》,载《学海》2008 年第 5 期,第 74—78 页。

Coase, R., 1937. "The Nature of the Firm." *Economica* 4:386—405.

Grossman, S., and O. Hart, 1986. "The Costs and Benefits of Ownership: A Theory of Vertical and Lateral Integration." *Journal of Political Economy* 94: 691—719.

Hart, O., and J. Moore, 1988. "Incomplete Contracts and Renegotiation," *Econometrica* 56:755—785.

Hart, O., and J. Moore, 1990. "Property Rights and the Nature of the Firm," *Journal of Political Economy* 98:1119—1158.

Jensen, M. and W. Meckling, 1976. "Theory of the Firm: Managerial Behavior, Agency Costs, and Ownership Structure," *Journal of Financial Economics* 3: 305—360.

Williamson, O., 1975. *Markets and Hierarchies: Analysis and Antitrust Implications*, New York: The Free Press.

第二部分

政策网络与政策过程

第 6 讲
政策网络形成的动力学：集体行动的逻辑

一、 引言：生活中的一些政策网络为何未被激活？

在生活中，我们普通公众常常并未意识到自己实际上身处形形色色的政策网络系统之中，如交通安全网络、借贷理财等金融交易网络、教育政策网络、医疗卫生或健康服务网络、社区治理或营造网络、环境保护网络以及消费者权益保护网络，等等。可以说，无论是走出家门进入工作场景，还是待在家里观看电视新闻，我们几乎时时刻刻都在无形地和政策网络"打交道"。正如 2023 年 7 月底以来，国家卫健委会同公安部、审计署、市场监管总局、国家医保局等联合深入开展医药行业全领域、全链条、全覆盖的系统治理或医药反腐行动，期望形成一种高压态势以实现基层医疗机构工作人员"不敢腐、不能腐、不想腐"（王梦媛、何作为，2023）。本轮反腐发布还不到一个月就出现 200 位医院院长或书记被查的信息，这些信息似乎与普通公众无关，但事实上媒体报道引起了社会舆论和公众的极大关注。深入思考一下可以发现，公众特别是患者对于医药腐败问题可谓深恶痛绝，其直接影响了医生和患者之间的医疗服务行为，而医药腐败无疑会直接影响到患者的利益，包括接受的医疗服务的质量和成本或代价合理性等。

不过,通过对近期热点事件的盘点和思考,我们很容易提出或困惑于这样的一个问题,即医药反腐这样的政策网络客观上一直存在,为何平时日常化的医药反腐监管政策网络系统没有发挥积极的预防和惩罚效果呢?为何需要一场类似于社会运动的医药反腐高压行动来激活常态化的监管政策网络呢?换句话说,为何很多政策网络会处于休眠状态而效果不佳?一个有效的政策网络系统应该具备何种条件,以及如何将休眠状态的政策网络系统激活?很显然,激发政策网络系统的活力或提高其实现政策目标的潜能,这无疑需要政策网络系统的行动者采取集体行动以实现合作性政策目标。

二、 潜在网络成员对政策网络形成的作用:案例分析

为了更清楚地展现潜在的网络成员与政策网络形成之间的交互作用关系,我们引入三个在课堂教学中反复使用的现实热点事件和历史故事作为具体的案例,以揭示潜在政策行动者对于政策网络形成的作用机制,以及政策网络形成反过来对潜在成员的功能影响。当然,尽管每个案例所聚集的关系冲突性、稳定性以及时间的突发性还是长期性存在显著差异,但这三个案例的选择本身具有一定的随机性,可见,政策网络可以应用于更多的热点议题的分析。

案例 1:重庆 22 路公交车坠江事件(时间突发性和事件的偶然性以及行动者之间的陌生性)

从政策网络角度去分析此次事件,根据媒体语言表述,我们更多的是

看到搭便车乘客的冷漠和不作为。从司机和女乘客的争吵时间来看，在该潜在的网络体系中，只要有任何一个行动者进行制止，其网络共同体的安全目标即可实现。如果将这次公交车坠江事件放入政策网络体系中，它可以被视为一个交通安全的管制政策或者交通安全政策事件。于是，从政策网络的角度去分析其中的集体行动逻辑，如图6.1所示，该网络结构的危机爆发具有时间突发性和冲突事件的偶然性以及行动者之间的陌生性等非常鲜明的特征。

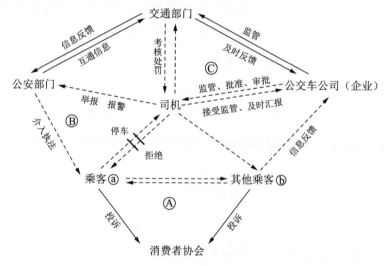

资料来源：该图由作者根据案例报道的相关背景素材自行制作而成。

图6.1　重庆22路公交车坠江案件的安全政策网络结构

需要指出的是，该网络体系远远不只直观的司机和乘客等行动者。在安全监管网络中，最重要的部分是交通部门和公安部门。因为此次事件，全世界各地都相继曝出司机被打事件，从这些事件我们不难看出，司机的行为受到交通部门的严格监控。另外一个重要行动者是公安部门，该部门可以接收来自各方行动者的信息，进而介入执法，交通部门和公安部门可以进行信息共享。通过如图6.1所示的网络关系图，从表面上来看似乎每个行动者都是互不干扰的,但其实这些行动者背后潜藏的指令和约束无形地存在于这个网络之中,这种无形的网络是多方行动者共同致力于同一个政策目标的结果。在该案例中,共同的政策目标就是公共交通的安全,除了安全是首要目标,交通运输的目标还有效率,既要重视安全又要兼顾效率(如交警指挥减少城市拥堵)。

在这样一个政策网络运行过程中,每一个牵涉其中的行动者都要遵守规则。该案例呈现出的网络系统图的规则又是什么呢?通过观察我们不难发现,这里面的规则是交通规则,这套规则包括司机的职业专业主义和乘客作为公民的基本遵法素养,这应该是车内每一个行动者的共同知识。但在该案例中,依然有些情形没有讲清楚,例如当司机和乘客发生冲突时,其他乘客的责任和司机自身的责任没有及时体现出来,司机的第一责任是保护乘客安全,因而在冲突发生时应该从职业专业主义素养出发及时停车。但是司机会故意将冲突事件上升为交通事故,继而把事故的主要责任方归于乘客,此时司机可以借助交通警察的力量达到惩罚乘客的目的。这是司机作为行动者利用网络系统的一个机会主义表现,这种自发形成的不成文的知识体系或策略性行为"恶习"存在于许多司机行动者观念之中。类似地,在乘客和司机争吵的黄金五分钟期间,

10时3分32秒,乘客刘某从座位起身走到正在驾驶的冉某右后侧,……争吵,双方争执逐步升级,并相互有攻击性语言。10时8分49秒……刘某右手持手机击向冉某头部右侧,10时8分50秒,冉某右手放开方向盘还击,侧身挥拳击中刘某颈部。

车内其他乘客没有及时站出来阻止乘客刘某和司机的争吵以避免悲剧发生,导致最后机会丧失。

　　关于此次危机事件，图 6.1 所示的政策网络模型可以预示三种干预的视角或观点。第一种观点把焦点放在乘客身上，认为如果当事故发生时，乘客自动地形成一种共同体去阻止争吵，冲突的矛盾就转向了该女乘客与其他乘客身上，就会避免此次灾难的发生。第二种观点认为，公安部门对乘客的威慑力不够，以及惩罚司机的力度不够。很多国家对于此类交通事件的惩罚力度就很大，像美国会直接执行七年的刑罚，而中国就缺乏这样极具震慑力的惩罚手段。再如澳大利亚会建立乘客与司机的隔离玻璃，防止此类冲突的发生。第三种观点认为，公交企业没有及时查看公交车的监控视频，监控系统部门职责不到位。从此次事件中不难看出，如果公交监控系统及时发现了异样情况的发生，及时反映给交通部门并对公交车司机进行线上窗口提醒或电话指导，也许就能避免悲剧的发生。

　　通过图 6.1 可以发现，能够对此次事件进行干预的部门或行动者众多。从网络角度来看，这是一个可以进行综合干预的事件，是一个多重网络没有完全激活的问题，或者说是一个多个网络系统之间形成了一种较弱关系的问题。

　　通过案例的分析和讨论，我们可以很清楚地知道网络政策的形成对潜在网络成员的作用，政策网络的形成有利于把潜在网络成员之间的弱关系变成一种强关系，可以形成一种稳定网络的关系。通过媒体探寻，我们了解到每辆公交车的路线都是固定的，因而其中很多的乘客都是这辆公交车固定班点的常客，如果把一些固定行动者链接起来（比如利用建立代表性司机-乘客互动的微信群或者其他的社区活动机制）形成一种稳定的网络结构，就会在乘客与公交企业、与公交司机之间形成一种信息交流反馈机制系统。乘客和司机之间就会形成一种相对熟悉的温情关系，这样就会显著减少司机和乘客之间发生冲突的概率，并且能大大提高公交企业服务的质量，也就能尽可能地避免极端事件的发生。另外，乘客也可以及时地向公交企业反映司机的表现、站点设置的合理性、班次的频率以及准点率等,这样就形成了公交企业、司机和乘客三者之间良性互动的模式,也有助于避免此类极端事件的发生。当然,对于本案例而言,至关重要的信息点或契约关系还在于公交企业和司机之间关于公交驾驶的专业主义行为规范或规则培训与教育问题,应该让司机明白,在特殊情形如与乘客发生冲突时,应该如何运用最佳或专业的处置应对方式(即立即停车或报警等),避免意外事故的发生。

案例2:楚汉传奇时期刘邦做泗水亭长时形成的治理关系网络(长期性和稳定性)

相对于案例1的时间突发性和事件的偶然性以及行动者之间的陌生性而言,基层社区或乡村治理类的政策网络行动者所面对的多数是熟悉的常态化的事务,且行动者相互之间还认识甚至熟悉。为了理解的简便化和通俗化,案例2不用当下具体的乡村建设或治理案例,而是聚焦历史上的一个人物故事①。刘邦还是泗水亭长时在沛县当地构建起来的网络结构关系是其后来起事创业的一种重要力量。这种社区型关系网络是如何起作用的呢?卢绾、周勃、樊哙等都是刘邦最初结成的兄弟,再到后来加入的夏侯婴和曹参、萧何等行动者之间形成了一种稳定的关系网络。问题是这种社区关系型网络能够发挥哪些功能?分析后发现,参与其中的行动者像卢绾、周勃和樊哙等人早期都是类似乡村街头混混之人,属于刘邦最早的一批关系网络或利益共同体成员。而像夏侯婴、萧何一类的属于基层士绅阶层甚至还有官阶的,与作为泗水亭长的刘邦有官场上的联系,因而也和刘邦等逐渐形成了早期的关系共同体。

---

① 该案例完全可以用当下乡村建设的故事题材进行替代,其中,刘邦类似于当下乡村建设的核心角色村支书。

通过分析可知,该关系型网络具有如下几种功能:第一,有着维护他们兄弟之间的关系和情谊的作用,而这种情谊在刘邦后期起事中起着巨大的作用。第二,维护他们生存和发展的安全保障功能。刘邦早期的这群兄弟是有着相同处境的一类人,多数还没有组建家庭且生活状况不尽如人意,这些境遇相似的人形成了一个共同体,他们相互之间可以抱团获得安全感或减少生活中面对不确定性的心理压力。第三,应付冲突和资源争夺的维持竞争优势功能。刘邦生活的村庄最重要的资源抢夺就是争夺水资源,因为水是决定村庄村民收成以及能否完成税赋的重要因素。第四,政策执行的功能。作为亭长,刘邦对下要执行秦朝的法律或政策,比如征收劳役去修阿房宫,而斩白蛇起义便是在押解牢犯过程中发生的。行动者网络的四个功能实质上都是执行资源分配和利益抢夺的功能,而带有这些功能的网络则是刘邦依靠情感地缘关系建立起来的。

案例 3:伊核政策网络(长期性和冲突性)

伊核政策实际上就是一个"6(中美俄英法德)+1(伊朗)"的政策网络体,中美俄英法德与伊朗是伊核政策网络共同体的核心成员,换句话说,这七个核心成员对伊核政策非常有影响力。该核心行动者网络体系既确定了全世界核安全网络的政策目标,又保障了伊朗一定的生存权,形成了一个各成员国之间能够相互妥协的良好的核安全政策网络体系。但随着美国退出伊核协议,原来的伊核政策网络就会发生蜕变,因为原来"6+1"体系中除了美国之外的大多数国家都是支持伊核协议的。当然,也不排除伊核政策网络之外有国家反对,例如沙特阿拉伯和以色列等国家之所以反对,是因为它们觉得伊朗不会真正地遵守伊核条约,反而会严重损害这些国家的经济利益。如果取消对伊朗的制裁,伊朗就会获得国际贸易收入和获取经济资源的再生机会,而一旦伊朗的经济和军事力量强大起来,则势必会威胁沙特阿拉伯和以色列等国在中东的领导地位。可见,特朗普选择退出伊核协议,正是试图避免给伊朗强大的重生机会。特朗普似乎相信伊核协议使得伊朗相关的地缘政策网络关系大大强化了,例如在巴基斯坦的民族解放组织哈马斯和也门地区胡塞武装、黎巴嫩以及支持叙利亚政府等多个事件中都存在伊朗势力的影响力。而这些势力势必需要资金和武器等相关资源的支持,才能形成一个强势的相互支援的国际军事政策资源网络,该网络使伊朗在中东地区的影响力不断上升,有助于其主导的相关结盟网络及强化其网络关系的力量。

通过分析这三个子网络的形成,可以总结出三种政策网络关系的类型。

案例1属于一种休眠式的网络或者说有待激活的网络。案例2刘邦的网络属于一种社区关系式网络。案例3伊核协议形成的网络是一种新的蜕变式或者变异型的网络。伊核网络原来是"6+1"的网络关系,美国退出之前,欧盟的众多国家都持反对态度。美国一意孤行决定退出后,欧盟许多国家陷入恐慌,欧盟强烈希望中东稳定下来,美国此举无疑给欧盟这些国家施加了很大的压力。美国退出伊核协议之后,原来的"6+1"网络变成了一个以美国为中心的新型网络,提出了新的伊核政策。面对新的伊核政策,伊朗持强烈的反对态度,这样使得新的伊核政策成为一个全面制裁伊朗的政策网络体系。于是,全面制裁网络体系导致了一个尴尬的局面或站队问题,所以,整个欧洲对站队事件表达了反对态度,欧洲许多国家为了和美国这一政策保持距离,还重新建立了一套新的石油外汇结算系统,目的就是避免制裁。印度一开始也停止对伊朗石油的进口,但后来发现各成员国都没有退出,于是重新恢复了进口石油。当然,这个新型的网络政策是否能够真正形成,还处于观察期。我们需要等待后续政策的正式出台。

比较这三种政策网络关系,可以总结出它们的特点。首先,变异性关系网络运转的难度相对而言是比较大的，因为该网络中的核心行动者跳出原来的政策网络体系（伊核协议），进而形成一个新的制裁网络系统。通俗来说，原有政策网络系统中关键行动者单干了，而单干所需要的力量除了类似于美国之外的行动者是很难完全得到的，可见，普通的单干者在新的政策网络中很难成功（显然美国是个例外）。其次，刘邦式社群型关系网络由于其网络关系相对稳定且持久，因而有助于政策目标的实现。对于刘邦式的关系网络而言，汉朝建立过程中的许多重大决策都依赖于那一群最初形成的小团体内的核心行动者。例如萧何、周勃和樊哙这些人在汉朝政策网络体系中一直扮演着重要的角色。而该网络中的一个单干行动者如韩信就一直没有建立起可控制的强大的关系网络，所以，即使韩信的军事能力很强，也难以找到忠实支持者。最后，休眠式关系网络因为行动者之间缺乏有效的信息流或者信息交流不通畅，所以政策网络的效果很难实现，要想成功实现，就得把弱关系变成强关系，而这是网络政策成功运转和实施的重要一环。理解以上三种政策网络的关系模式，对于我们分析和讨论政策网络形成的内在动力机制及其相关理论问题有着重要的作用。

三、 政策网络形成的动力学

（一）潜在网络成员需要政策网络的原因

我们可以从这三个案例中提炼网络成员对于网络需求的内在原因，直观地看，任何一个行动者从其理性的定义来看，会追求自身的利益诉求，包括物质利益和非物质利益（如情感的诉求、情义的维系等）以及风险的规避需要。而政策网络的一个重要作用就是控制风险，如在刘邦式的社区关系网络中,刘邦和兄弟们大体上是一荣俱荣、一损俱损的伙伴关系。尤其在他们藏身于芒砀山的时候,大伙已经是生死兄弟或命运共同体。于是,在该网络关系中,一个明确的规则形成了,即服从领导者,在抢粮食时不可以抢夺穷人的粮食而只准抢富人的粮食且不能伤人性命。但在一次抢粮的行动中,一个名叫尾生的人失手杀死了一个老人,从而违反了这条规则(王培公、王亮,2013)。为此,刘邦不同意留下尾生,即使众人都为他求情也无济于事,此事最终以尾生自杀而告终,这说明该小团体已形成了严格的网络规则。

当然,对于政策网络而言,其核心需求特征是追求公共目标,这一点在三个案例中均有体现。不过,在不同案例中,公共价值目标的区域范围或范畴的大小不同。公交车坠江事件的安全网络追求的公共目标即安全的目标,或许仅仅限于公交车内部行动者及其与外部的关联方。当然,服务质量和效率的目标也属于公共目标,对于个体而言,服务质量和效率的提高对个体都有益。在刘邦式的社区关系网络中,其早期村庄时期的公共目标就是应对上级政府的各种政策,即最大程度上完成政策实施的任务,同时,为了本村庄的生存目标而争夺资源,当时主要是与隔壁邻村争夺水资源甚至土地等公共资源。可见,刘邦式的社区政策网络的公共目标也一般仅限于村庄或本地区范围。而在美国政府退出伊核协议的案例中,该政策网络的目标就是加强对中东地区的控制权,相对而言,伊核政策网络的公共安全目标客观上几乎涉及了中东和欧洲等非常广泛的区域范围。在特朗普政府看来,如果纵容伊朗强大,不仅会威胁到美国在中东的主导权,而且以色列和沙特阿拉伯的地区势力也会被削弱,长此以往美国担心在中东会被边缘化。所以,制裁伊朗并不是着眼于伊朗这个国家本身,而是涵盖了全球安全政策网络体系中自身的安全价值,包括全球地缘政治主导性地位的维护。当然,还包括一些其他的政治工具主义目标,如中东地区的混乱可以加强美国和欧盟谈判的筹码,促使各个国家购买美国的石油,以增加美国国家能源自生自主性,而这些都是新的伊核政策网络形成的潜在的需求压力。

公众对政策网络的需求压力有两种类型,一种是网络成员个体的需求,这种个体性需求和其他的行动者之间没有什么利益共性,是一种纯粹的个体利益诉求。另外一种是绝大多数的利益诉求需要或公共目标需求。比如公交车事件中,如果站点设置的远近和车次的频率是少数乘客的需求,那这个目标就不会成为一个公共的目标,交通部门也就不会调整相应的政策去满足少数人的利益诉求。但当有如此诉求的人数达到一定规模,甚至反映到市长信箱时,就会形成强有力的政策议题或需求网络,并给公交公司施加压力,而相关政府职能部门就有可能加以调整。可见,理论上存在个体化的利益诉求、绝大多数人的利益诉求和超越所有行动者的价值目标诉求等三种需求类型。其中,超越所有行动者的价值目标非常典型的就是对所有行动者有利的公共安全目标。而像效率之类的目标并非对所有人都有用,比如公交车站点的改变总会使一部分人受益,而使另一部分人利益受损。因此,我们可以看出,目标利益受众的群体越广,其目标诉求的影响越大;相反,利益诉求越是个体性的目标,则目标诉求的影响就越小。例如伊核政策中,如果美国政府争取不到足够的同盟,想要消解伊核政策网络的可能性就很小。现在其他五国依旧遵循原来的伊核政策,这就给美国造成了不小的压力,美国必须异化出一个新的制裁政策网络体系,这在最初一段时间对美国来说难度较大(当然,后来的俄乌战争改变了这种对美国不利的政策网络力量竞争性格局)。

(二) 影响政策网络形成的因素

我们可以通过列举法识别出影响政策网络形成的相关因素,第一,个体的和集体的利益诉求。利益诉求是政策网络形成最直接的因素,包括个体利益或合作的共同体的利益需求等。美国退出伊核政策网络就是一个个体利益诉求的表现,而原来的"6＋1"政策网络体系就是各方行动者互相妥协的结果,也是共同体利益诉求的表现。第二,意识形态。意识形态是政策网络形成的重要影响因素之一。例如冷战时期北约和华约各自政策网络的形成,本质上就是依靠意识形态站队。再如,日本在中国周边试图联合印度和澳大利亚等国构造所谓"自由亚洲之弧"的外交政策网络,其意图也是建立一个以共同价值为纽带的可以合作对抗中国的地缘政治力量。第四,政治经济环境因素。环境因素虽然涵盖范围很广,但其中的一些地缘政治关系以及经济环境等因素尤其重要。比如特朗普主义的盛行加剧了美国同原来和其有同盟关系的国家的矛盾,并导致了一些新问题的产生。例如,特朗普执政时期中日关系开始出现缓和的迹象,就是因为日本和美国的同盟关系随着世界经济形势的恶化和美国单边主义盛行而趋于弱化。日本开始在经济上与中国全面亲近。第五,习俗惯例和文化传统性因素。即使在今天,打造和强化刘邦式的社区关系网络的理念依然根深蒂固。人们更愿意选择与自己有相近风俗习惯或地缘文化的人打交道,例如潮州商人的抱团非常直观地体现出其独特的方言体系或潮汕方言的地域独特性,这使得外部人难以理解其相互之间的交流。同样,语言的排他性导致安徽皖南地区的人们比皖北地区的人更容易抱团组成小群体。第六,策略性的行为,包括协作、联盟、竞争与对抗等。应该说,从最消极的对抗策略到最紧密的联盟关系,其中间的策略光谱包含了许多具体的、温和的行为策略,如协作和竞争等。其中,策略性对抗是一个很重要的因素。例如美国在伊核政策网络中的异化就是一个典型的策略性对抗影响的体现。

除了以上六个因素,还有一些功能性的需求,比如规避风险功能的内在需求会促使不同的行动者为了规避潜在的风险而形成统一的行动网络体系。例如,案例1中的休眠式网络体系,如果其他乘客都意识到公交车有坠江的危险,则必然都会上前阻止乘客和司机的争吵,意外发生正是因为乘客们并未意识到事件的严重性,没有集体的风险意识。另外一部分原因是没有人愿意承担劝架的风险成本。从中我们明白一个道理,在网络关系中,如何形成集体行动是我们需要思考的地方。另外,成本和收益也是促使网络形成的因素之一,这将在下文详细讨论。当然还有一些影响政策网络形成的因素,我们在此不再一一列举。

(三) 政策网络形成的机制

想要搞清楚政策网络形成的机制实际上是一个很难的问题,拉尔斯·卡尔森(Lars Carlsson, 2000)有关集体行动者的文章有助于我们理解政策网络的形成模式。如何从集体行动的视角来理解政策网络的形成模式呢? 关键在于成本和收益的集中和分散分布状况,这或许可以提供一些理解集体行动内在逻辑的启示,如表 6.1 所示,将成本-收益和集中-分散画一个矩阵图,并以此识别出四种政策匹配类型。

表 6.1　政策网络形成中不同类型的行动者成本-收益的分布

		收　益	
		集中	分散
成本	集中	社区差异型网络	公交车安全政策
	分散	美国伊核政策	常见的产业政策(如食品安全政策等)

从成本集中的情形来说,一种是成本和收益很集中的,一种是收益很分散、成本很集中的。例如公交车上如果有一名乘客承担了劝架者的角色,其势必要承担被骂的风险,却可以避免灾难的发生,虽然他只是获取了安全收益中的十几分之一,可见劝架乘客是成本集中但收益分散的。

如果交通部门加大对肇事者的惩罚力度,从拘留三天延长至拘留十五天且罚款力度加大,这样成本集中在肇事者身上而收益同样是分散的。从成本集中和收益分散的模式,大体上可以理解在公交车出现风险时相关乘客冷漠的一个原因(关键是乘客和司机或许都未意识到风险因素的严重性)。

从收益集中的情形来看,案例 2 的伊核政策中美国的举动就是成本分散的,每个国家都承担了该政策改变产生的后果(如中国中石油出口的减少等),但是收益却集中在美国一国身上,这是典型的成本分散而收益集中。通过分析成本和收益的分布特点,我们可以初步判断各个行动者的积极性。例如刘邦的关系网络是成本和收益都集中的,在卢绾斗鸡惨败的故事中,相关的兄弟为其赌输的后果付出了一定的钱财利益,斗鸡赌输的成本共担而收益人只有卢绾(王培公、王亮,2013)。类似地,在楚汉战争时期,所有困难共同承担以至于后来汉朝建立,樊哙等人相继封侯的利益也是共享的,可见,刘邦式的社群关系网络就是典型的成本和收益都集中的。这种成本和收益集中型的社区关系网络模式非常紧密。当然,成本和收益共担模式的责任和风险也较为平均分散,但其中刘邦依然是责任和风险的最大承担者,刘邦押送人去芒砀山,其一家老小都收押在官府里,因此他承担着全家性命是否能够保全的风险。再到后来起义,刘邦依然承担着有可能被灭族的风险。

除了上述两种集中模式,还有一种成本分散和收益分散模式,这也是大多数社会政策网络的常见特征。比如政府推行的环境政策和食品安全政策,环境改善会使公众都受益,而相关的企业减少污染带来的经济负担对一部分企业也有好处。当然,环境治理成本也需要共同承担或者说保护环境人人有责,大型污染企业要严格控制自己的污染排放,就需要花费大量的时间和成本进行设备技术的更新。同样,食品安全任何一个环节的差错都会导致食品安全隐患，经营者和生产者会起到不一样的作用。

成本和收益的矩阵图分析直观地看依然有一定的价值，虽然还没有识别出政策网络形成的模式和机理，但是，该图将政策网络中关键的行动者的动机和利益分配的不均衡性充分揭示和识别出来了。需要论证的是政策网络形成的机制和机理，其实就是要依据信任度、利益-成本的集中分散度分析政策网络形成过程中主体、客体和环境之间的互动响应模式。

根据以上案例和影响因素分析，大体上可以总结出以下几种网络形成模式。第一种是环境或价值观念驱动催生的一种应激性响应或应急互动模式。例如案例 1 就代表了一种应急互动模式（虽然公交坠江事件本身并没有形成应急反应机制而造成悲剧的发生），即在危机状况下，所有的或关键的行动者积极互动起来。该模式在很多情景下都会出现，例如多年前的股市大幅波动促使缺乏沟通的各个部门如银行、证监会、国税、财政以及一些地方政府的金融部门都联合行动起来。这种应急型合作网络的形成在平时正常状态下是难得出现的，但在像汶川地震这样的重大紧急情形中，应急互动性政策网络会形成并发挥巨大的作用。这种模式在紧急状态下会形成一股强大的合力并发挥重要作用。这种合作模式在整个人类繁衍发展历史中的关键时刻并非罕见，其合作网络形成的直接原因是人类面临着共同的生存危机或安全问题，类似于战争威胁或流行病毒传播风险等，此时无论利益和成本是否集中都无法阻止人们应对危机的意志或信心，于是，一种以化解特殊危机作为驱动力而衍生出的社会应激性行动网络模式就会诞生。

第二种是高信任度的社群关系催生的一种内生式合作网络模式。该合作模式并非受外界环境的驱使，而是经过了很长时间的考验自发形成的信任合作关系,且具有非常持久且稳定的特征。其中核心行动者非常明确哪些行动者可以成为网络成员以及哪些行动者需要被小组排除在外。如北约的七国集团和八国集团经历了大半个世纪的考验,大体上合作关系稳定,该模式实际上包含了大多数的非利益化价值因素且持续时间会更久一些。(相对而言,一旦危机解除,危机应急模式的网络关系也会随之瓦解或迅速弱化。)但该模式依靠的非利益价值和传统文化等很多因素常常是以某个特定的强势主体为核心支柱的,如刘邦式的强人或美国式的强国,当相关的支柱行动者如刘邦或美国"消失"或不发挥作用之后,该内生型合作网络模式就会陷入危机,所以,该模式随着时间推移,也会面临关系弱化甚至瓦解的风险。

表6.2 政策网络形成机制的类型化矩阵

		环境/观念	
		危机	常态化
信任/利益	集中、高	应急互动模式	内生式合作网络模式
	分散、低	—	策略性网络形成模式

第三种是交易妥协型博弈的策略性网络形成模式,伊核政策体现的就是六个核心国家之间妥协型博弈而形成的政策网络效果。不过,该网络形成模式的结果具有不确定性,其网络内部有可能是合作,也有可能是持续争执。策略性网络形成模式显然是比应急互动和内生合作两种机制都要糟糕的,但却是普遍存在的一种模式。策略性的网络形成模式是基于利益、环境和功能性需求所形成的一个短期的合作博弈均衡,之所以短期是因为其容易受到其他许多因素的影响。各种影响政策网络形成的因素都发挥了均衡性的多重作用,这三种政策网络形成模式依然只是一种直观的、并不全面的类型划分,还有待进一步正式化。

四、 政策网络形成的理论视角

政策网络形成的理论视角大体有三个:第一,个人主义的集体行动视角,即卡尔森(2000)提出的行动者理论。这其实是一个博弈论的结果,即所有的行动者基于自身利益最大化的考虑选择效率主义的导向,在众多策略中选择一个效益均衡型的策略。这是基于个人行动的理论,和之前所说的交易博弈论的原则如出一辙。第二,制度变迁的视角,其本质上是拉马克主义的某种需求功能的推演,类似长颈鹿原理,即长颈鹿为了吃高处的叶子故而伸长脖子,因而"用尽废退"的原则就发挥了作用。制度性变迁理论本质上就是一种功能型需求的体现,该视角最早研究的是澳大利亚皮毛价格的上升,因为羊毛皮革等产品价格的上升导致羊价值的上升和农场主土地的私有化需求压力增加,于是,出现了私有产权制度,保护个人自家农场土地的边界。因此,政府存在出台圈地政策以解决争夺土地资源的迫切性(诺斯,2008;2009)。此时设置制度的成本小于创制制度的收益,而潜在的政策网络行动者都会行动起来推动政策网络的形成。可见,制度性的变迁理论也是一个理性主义效率导向的思维。

第三,结构主义视角强调环境的变化会导致危机,而危机施加给人们想要改变这种政策的压力。很多行动者在这样的状况下会产生新的目标和策略。例如戊戌变法中,康有为和梁启超公车上书,反对以慈禧为代表的守旧封建派,其变法诉求是迫于外界八国联军侵华和内部农民起义民不聊生的内忧外患的压力而提出的。无论政策多源流模型还是历史制度主义,都并非基于个人主义来分析,而是基于环境和结构主义的复杂因素来分析的(金登,2004)。当然,维新变法的政策网络形成背后的维新主义仍然会受到传统观念因素的影响,比如戊戌变法再如何变法,都不愿意去推翻封建皇帝,而依然保留皇室的特权。

不同的政策网络形成的理论揭示了模式之间的什么联系和区别呢?应该说,不同的理论解释视角无疑是相互兼容或互补的,无论是个体理性主义的集体行动逻辑还是制度变迁抑或结构主义解释模式,都强调环境对行动者的行为策略与政策目标的结构性影响因素的作用,所有影响政策网络形成的因素都将在这些模式中共同发挥影响。不同之处在于个人主义的集体行动强调所有的因素影响归根结底是取决于个人的策略或个人利益极大化的选择达成的博弈均衡。但历史制度主义或结构主义却不是这么想的,历史制度主义认为行动者只是网络中的一个组成部分,很多的因素不能让行动者自己进行选择,如结构性的或传统文化因素不是通过对行动者的约束来发挥作用,其本身就会对政策产生影响。可见,不同的解释模型突出的对于因素影响目标的路径是不一样的,其中集体行动模型则试图将所有因素的作用汇集到行动者关系上,从而影响政策网络的形成。

五、 结论与讨论

政策网络的形成是理性的力量还是模糊性的结构性的力量?这个问题在前面都有所涉及,这里就不展开讨论了,留下几个重要的问题可供思考。第一个议题:关于网络结构的裂变和重组受到诸多因素的影响或塑造,并不能简单地归功于某个行动者的理性设计的结果。其中,网络结构就如同分子结构一般,可以进行不断的裂变和重组,复杂多变的国际关系,特别是有关伊核协议的政策网络形态,犹如战国时代的国家间合纵连横态势一般,并不具有稳定性。

　　第二个议题:关于网络关系的强关系和弱关系,政策网络形成的本质就是从弱关系(休眠式网络关系)转化成强关系(社群式网络关系),而强弱关系的转换依赖于政策网络中核心行动者发起的集体行动能力以及其他行动者追随的意愿。政策网络的形成过程本质上正是如何强化其中的关键的行动者关系并将其激活。

　　第三个议题:关于政策目标和网络结构中不同行动者之间互动关系的因素有哪些? 政策目标和网络成员之间的关系或者说与网络结构之间的关系存在两种极端情况。在第一种极端情况下,任何一个重要的行动者的不作为都会导致政策目标无法实现,类似于我们常说的木桶原理。只有网络中的行动者都行动,政策网络才能发挥其内在的功能或作用,类似于食品安全网络,任何一个环节皆不能出错。在第二种极端情况下,网络中某一个关键的重要行动者的作为和不作为都会影响到政策目标。在这种情况下,相对而言,其他某些行动者的作用并不大或并不是必需的。当然,这是两种极端情况,但现实中,大多数政策网络和政策目标之间的关系将会更复杂。

本讲讨论提纲

　　1. 对于潜在的网络成员而言,为什么需要政策网络,或者说政策网络的成员对网络形成有哪些共同的潜在的需求压力?

　　2. 什么因素会促进政策网络的形成,或影响政策网络形成的因素有哪些?

　　3. 政策网络形成的机理或机制是什么? 具体来说,政策网络是如何形成的? 政策网络形成的主体、客体和环境等因素之间的互动模式是什么?

4. 解释政策网络形成的理论或模型或视角有哪些？

5. 如何比较和解释关于政策网络形成的不同的理论模式之间的联系和区别？

6. 政策网络的形成是集体行动的逻辑（理性的力量），还是结构性源流汇集的逻辑（模糊性的结构性力量）？

参考文献

［美］埃莉诺·奥斯特罗姆：《制度分析与发展的反思》，王诚等译，商务印书馆1992年版。

［美］艾伯特·O.赫希曼：《退出、呼吁与忠诚：对企业、组织和国家衰退的回应》，卢昌崇译，格致出版社2015年版。

［美］艾伯特·O.赫希曼：《转变参与：私人利益与公共行动》，李增刚译，上海人民出版社2017年版。

［美］道格拉斯·诺斯、罗伯斯·托马斯：《西方世界的兴起》，厉以平、蔡磊译，华夏出版社2009年版。

［美］道格拉斯·诺斯：《制度、制度变迁与经济绩效》，格致出版社2008年版。

［美］曼瑟尔·奥尔森：《集体行动的逻辑》，格致出版社、上海人民出版社1995年版。

王梦媛、何作为：《聚焦供应、销售、报销，10部门联合开展医药反腐》，载《中国医疗保险》2023年8月1日。

王培公、王亮：《楚汉传奇》，长江文艺出版社2013年版。

［美］约翰·W.金登：《议程、备选方案与公共政策》，丁煌、方兴译，中国人民大学出版社2004年版。

Pontusson, J., 1995. "From Comparative Public Policy to Political Economy," *Comparative Political Studies* 28(1).

Carlsson, L., 2000. "Policy Networks as Collective Action," *Policy Studies Journal* 28(3).

第 7 讲
政策网络与政策过程分析:
理论方法与案例经验的再讨论

　　政策网络概念相关的流行语在不同时期存在微妙的差异。在 20 世纪 70 年代早期,"铁三角"用得比较多,且有些术语具有地域性,如美国用词和欧洲大陆用词就不太一样。北欧喜欢用法团主义和"政策社群",而美国似乎更喜欢用多元主义和"铁三角"这样的表述。乔丹和舒伯特(Jordan and Schubert,1992)在《政策网络标签的初步排序》一文中提到的"政策社群"概念,在某种意义上可以翻译为"政策共同体"(在英语中都是"policy community",在汉语中是"共同体")。"铁三角"一旦将多元主体引入政策决策谈判,在某种程度上就仍是松散的政策共同体,影响政策的制定。将这些复杂的专业术语标签分类,其实就两种:一种是紧密型或正式的政策共同体影响政策制定过程,一种是松散的与开放的议题网络,即把大量的社会行动者包括专业学者(专家学者、智库)和媒体都纳入,这影响议程设置也包括政策实施的跨部门网络。大量案例研究也都用这两个概念:政策共同体和政策议题网络①。但不管怎么样,政策网络属于更

---

　　① 可以说,将来我们把所有这些概念都统一为"政策网络",就不需要理解这些概念了;除非做更多的历史梳理、需要和别人进行对话的时候可能要用到;在应用或做案例研究的时候,我们一般就不需要看这些概念,直接就跳过去了。但是从对政策网络方法理解的历史角度来说,这一讲还是有价值的,它帮助我们梳理了历史上人们在正式发展政策网络分析方法之前,所使用的这些过渡概念或非正式的概念。现在有了网络分析方法之后,就不再依赖也没必要用"铁三角"这种关系了,这种关系是存在于特定历史时期的。

一般的概念。在进行网络分析时,对不同的专业术语所使用的分析维度,比如是不是跨部门,参与者的数量多少,参与者与行动者之间的关系是不是稳定,行动者进出是不是自由或受限制,这些都是这政策网络分析的内在维度和网络结构的特质。很多政策并不一定有"铁三角",比如在某一种政策议题中的国会、政府和社团/利益组织有紧密关系,但在另一个政策议题上它们可能分道扬镳或反目成仇,这种特定议题上的铁三角关系是不稳定的。[①]

总之,如何理解政策网络分析的方法论特征以及网络分析与政策过程分析之间的关系,是本讲关注的重点。为了展示网络分析方法在政策研究方面的最新进展及其案例分析的特色,本讲将从产业政策、水资源、能源与环境政策以及地方性社会服务政策等视角系统地回顾政策网络分析方法在以上各个领域运用相关(如代表性案例)研究文献的成果。在此基础上,我们进一步讨论政策网络分析方法和模型构建的理论价值、实践意义以及该方法内在的局限性。

一、 有关政策网络分析方法的争论

有关政策网络分析方法的讨论大体上都是从对马什和史密斯的文章的经典研究批评展开的。其中,查尔斯·D. 拉布(Raab,2001)的《对政策网络的理解:关于马什与史密斯的评论》即针对马什和史密斯的文章讨论的一个重要的开始。这篇文章需要与马什和史密斯文章中的模型一一对应起来讨论,读起来才能比较轻松。比如说文章一开始,作者就提到如何使用该模型,但如何论证模型的关系是不明朗的,这是其讨论的缺陷。

---

① 这些概念是在特定历史时间、特定政策议题以及特定政治环境下存在的,所以,有一些概念现在虽然不常用,但我们应该意识到网络分析的模式和结构还是很重要的。

同时,作者认为该模型变量之间的关系有很大的随意性,有一些变量之间明显存在关系,但却被忽视了。当然,变量之间可能还存在中间变量,而马什和史密斯文章中的模型可能漏掉了变量之间链接的因素。此外,作者也提及时间的重要性,认为模型是静态的,缺乏动态性时间的因素,这都是它存在的问题。当然,作者还提到了模型的其他问题,比如说忽略道德或文化能力的作用。我们在相关的评论中也注意到,不仅仅是环境变量的忽视,像宪法规则会约束行为选择的空间一样,能力和道德也会约束行为的选择条件和空间范围。这实际上是文章中着重讨论的问题,在模型中能够找到其大体的位置。

此外,政策网络分析关于行动者或代理人的一个非常重要的理性计算问题值得特别关注。行动者关系实际上和集体行动的逻辑是一个道理。为达成集体行动,如果网络的行动者预计或捕获了潜在的利益机会,行动者会不会就马上采取行动呢? 实际上不一定。但是按照理性的观点来说,可以推出结论——行动者会采取行动以推动政策网络的形成。当然,理性也有可能起到反向作用,只追求理性的话会出现公地悲剧或囚徒困境,行动者可能会采取一些策略行为,导致政策目标落空以规避来自政策方向的约束。这些在模型中没有进行深入的讨论。当然,作者还强调了这篇文章参考了大量的人类学和社会学文献(具有很强的人类学和社会学的色彩),他们觉得更重要的是对这些行动者之间的交换、互动与信任以及所处的背景等行为关系结构因素关注不够深入,所以,看得出来拉布(Raab,2001)这篇文章讨论得还是比较深刻的。

作者用很大篇幅对马什和史密斯模型做了一个多角度的评价,实际上加深了我们对马什和史密斯模型的认识。但即便如此,笔者仍然觉得马什和史密斯这个模型给政策网络提供了一个比较好的分析框架,在建立新的政策网络分析模型或提出政策网络研究命题时,一个很重要的起点是可以把该模型当作政策网络研究的一个重要参照,这一点还是很有价值的。

　　就政策网络的层次和范围而言,到底哪些部门应该进入网络之中?政策网络的范围边界不是那么容易把握和划定的。在乔丹和马洛尼(Jordan and Maloney,1995)以及马什和史密斯(Marsh and Smith,1995)这两篇文章的评论中,有几点是可以讨论的或有异议的。我们要注意的第一点就是政策网络的范围有紧密型和次级的行动者,还有边缘化的行动者,而后者相互之间的关系比较弱。在行动者范围中还存在强关系和弱关系。所以,在运用政策网络分析一个案例的时候,怎么选择政策网络的行动者,即把什么范围内的行动者划入网络,这需要经验,同时对理论要求也比较高。有时,我们忽略了一些重要的行动者,或把一些不重要的行动者看得过于重要,这都是我们在研究中会犯的错误,也是容易引起争论的地方。在争论和辩论的时候,人们总会对这些网络的结构和范围提出异议,这方面是需要我们注意的。

　　第二,关于网络分析的层级,一般涉及政策制定的政策网络层级多数是在国家层面上,或者至少是比较高的层级上,但这个层级比较高并不意味着次级或低层次的行动者就不起作用。事实上,低层次者的行动者对政策实施和政策效果甚至会起很大作用,比如说医疗卫生政策,在基层运行时涉及对政策如何运行以及在基层如何重新制定的问题。基层行动者并不一定都是次部门级的,任何政策都会从中央层的或核心层的相关部门层级传递下达到五层或六层甚至非常低的层面。例如关于医疗卫生问题,家庭医生制度已经涉及多个层级,包括从中央政府层面到卫生部层面,国家层面是指国务院层面的跨多个部门,再到医疗服务系统中作为一个部门系统内的地方卫健委层面①。作为学者,我们在上海市长宁区参与和承担过很多区级层面带有浓厚的地方政策试验色彩的卫生政策研究项目。这其实说明了政策网络是镶嵌的,从更高层级的网络到下一层级

---

　　①　如其内部从卫生部层级直到地方更具体的部门,而更低层次的就是地方省一级的卫生厅,省一级到市一级,市一级再到区一级。

的网络,选择哪个层级的政策网络显然和研究问题的范围及性质有关。

第三,当不同的次级网络在范围和层级上不一样的时候,我们要筛选和甄别这些网络是不是独立起作用,网络的一个次级形态是不是很稳定,这取决于我们研究的问题特性和层次。比如说在做基层社区卫生政策、家庭医生政策或社区药品配置政策的时候,政策网络结构和形态是不一样的。对一个具体的政策网络来说,行动者网络边界划到什么地方,要看研究问题的界定,这个难度很大,也取决于我们能不能接触到行动者。有的行动者层级很高,我们并不一定能接触到,但最重要的是能不能有机会对他们进行访谈,从而获得相关信息。如果获得不了信息,有些行动者的作用就会降低。当然,这里面行动者之间的关系,不同网络之间是有交叉的,不同网络是应该整合到一起,还是让它们独立发生作用,还是要看具体的研究问题和内容。本讲涉及建立网络分析模型的层次和范围边界的设定以及行动者的筛选,这实际上是一个比较根本性的问题。

二、 政策网络分析与政策过程：功能主义视角

在公共政策过程理论确立之后,公共政策才能从公共管理、公共行政和政治学中分离出来成为一门独立的学科(Lasswell,1970)。自从其成为一门独立的学科之后或者说政策阶段论产生之后,政策科学的学科领域就确定了,比如说研究政策决策、研究政策议程设置、研究政策实施以及政策评估等问题,这几个阶段性功能是连贯的且整合起来就构成了长周期性的政策变迁问题。政策过程本身通过以上各个阶段不断地动态往返,即任何一个政策实施评估之后,有可能启动新的议题或对政策进行再改进,于是又进入新的议程设置和新的政策循环且周而复始(除非政策终止),所谓的政策周期即在其过程中也没有终结(赵德余,2013)。

政策网络的一个重要功能就是引导深化对政策制定和政策实施过程动力学的理解。政策制定和实施本质上是政府治理能力或民主展开的一个体现,网络合作博弈的有效性就是要提高政府对这些问题的响应性。实际上,政府能力建设和政策网络分析是高度相融的,这就是为什么有大量的政治学家来讨论这些问题。[①]

有关网络分析的基本问题是无法回避的,可是一旦关注政策变迁或制定的动力学问题,就会涉及这几个问题:政策网络为什么会形成? 为什么发生变化? 其稳定性如何?《关于政策网络的"新制度"观点》这篇文章中包括的奥斯特罗姆、诺斯等人的研究文献都关注了政策为什么会发生变迁(Blom-Hansen,1997;诺斯,2008)。[②]因为有需求诱致性的或可供捕获潜在的经济机会,这只是一个必要条件,而充分条件还需要进行供给侧的制度分析,奥斯特罗姆也强调制度供给分析的模式(奥斯特罗姆等,1992)。[③]当机制设计保证每个行动者的参与能捕获潜在收益,采取行动收益大于不采取行动,行动者这时候应该会行动。在这种情况下,网络会朝着协作性方向或与政策目标比较一致的方向发展。布洛姆-汉森(Blom-Hansen)列举了奥斯托罗姆制度分析的七个维度,并很好地介绍了如何把这七个维度运用于网络关系结构属性的分析。对于理解政策网络的内在结构属性,这是很好的分析模式。作者反复强调政策网络是一个分析性概念,如果要让网络方法发挥强大的力量,就必须要结合网络行动者模型,而制度分析是很好的行动者模型。所以,仅靠网络分析框架并不能形成很好的政策研究,还要运用其他诸如契约与交易费用理论等制

[①] 《网络治理——协作型网络与竞争型网络》这篇文章区分了协作型和竞争型两者不同类型的网络以及其对政策过程的含义,值得一读。

[②] 詹斯·布洛姆-汉森《关于政策网络的"新制度"观点》这篇文章写得很好,政策网络分析文献中的大部分代表性作者都提到了此文。

[③] 这里面对理性的程度要求相对高一点,因为集体行动往往有经济学模型含义,其带有很强的理性驱动性。

度分析工具来强化。

政策网络的另一个功能是识别和界定网络关系的强弱性。在上述影响政策变迁的诸多因素之中,弱关系主要是社会学中一种经常研究的人际网络关系的强度或特性。政策网络分析有两个方向,除了以上提到的制度分析之外,另一个是偏技术性的方向,它关心网络结构中相关因素之间关系强度或密度的高低,有些技术上的测量如交流频率、传播效率、信息损耗以及信任水平等,这方面的研究文献很多。马克·格兰诺维特(Granovetter,1983)在《弱关系的力量》[①]中提到的弱关系给我们提供了一个理解异质性的问题,也就是比较特殊类型的问题,这种弱关系或强关系的分析很有价值。什么叫异质性? 比如农民工子女教育问题,农民工子女是一个特殊群体,这个群体的人际关系相对于一般人群是特殊的或不规则的,要依靠个体及其朋友以及各种各样的小团体(小团体带小团体就相当于很多的非正式组织一样)。在禁毒政策中,这是很普遍性的问题,吸毒的人存在于一个异质性强的非常规的关系网络中。

当然,政策网络还具有一定的治理功能,对于扁平化或组织间关系的分析应给予重点关注。在政策实施问题的治理研究中,有大量学术文献是关于网络方法的。如劳伦斯·奥图尔(O'Toole,1997)主要从组织间的关系研究政策实施问题。《认真对待网络:公共管理领域的实践及研究议题》一文不是从具体公共管理议题来讨论,更像在一个政策学科建设上面做了一个总结性的提炼或归纳。他系统地总结了公共管理中网络作为一种方法的出现给我们提供了哪些机会,以及有哪些东西值得研究和关注。他讨论了网络的重要性,提出了网络方法的出现给实践和研究带来的新议题。如之前提到的马什和史密斯模型,我们也是从模型中推导出很多重要的研究命题和研究问题。这些研究问题是从网络的辩证方法模型中

---

① Granovetter, M., 1983. "The Strength of Weak Ties: A Network Theory Revisited," *Sociological Theory*: 201—233.

推导出来的。奥图尔也同样提出有待研究的问题包括很多更加广泛的实践性的议题。这种实践性的议题和政策网络的实践性功能是有关系的，因为网络能够承担社会治理的功能，还能够承担政策制定和实施的一些评估功能。所以，从这个意义上来说，网络在实践中可以引导政府在公共管理和政策过程中的一些工作，有实践价值。从网络的意义上来说，行动者权威的重要性会出现弱化，政府的核心权威已经变成了一个行动者"进入"网络，并且从形式上看和其他行动者之间的关系会变得更加扁平和平等。虽然政府的权威还是很强且仍然可以单向发布命令，但如果从网络的视角来看问题的话，将有助于改变对这个问题的理解。

例如关于"大跃进"与人民公社政策的决策，如果当时的决策者拥有现代社会科学中的政策网络视角，能够更多地倾听网络中来自基层和其他部门的不同声音，就能够进行谈判和更有效的信息沟通，也就不会单向度地强行推动一个政策方案或制度模式。因此，奥图尔在实践议题的第一条建议就强调管理者不应该预设自身权威，命令可能会减弱他的影响力。管理者在行使权威时可以用不同的方式，比如沟通、谈判、劝说，甚至施加压力，但不应该直接单向发布命令。第二条建议是要掌握信息和与外部进行沟通的节点，这是网络模式中的现实意义。所以第二个议题中作者讲了网络的重要功能，从描述性功能到解释性功能，前者和我们看到的政策网络功能的总结是一致的，当然，其对理论性命题提出了很多理论上有待研究的问题。①

此外，政策网络方法还有助于发挥政策过程研究的整合性功能。政策过程研究并不总是将政策制定和政策实施分开独立地进行，而是从动态的、周期性的网络视角重新审视政策过程。斯科克（Skok，1995）的《政策议题网络和公共政策周期：公共管理学的结构功能框架》一文涉及政策

---

① 奥图尔的文章具有很强的网络和组织行为分析的风格，作者的文章很容易看得懂且逻辑很清楚，政策实施的学者会很喜欢看这篇文章。

过程分析和多源流这两种公共政策研究范式的整合，其中，作者在文中用周期论代替阶段论（政策周期范式也是拉斯韦尔提出的公共政策阶段论，而政策作为一门学科也正产生于这一政策阶段论），其实就是公共政策过程理论。①在原有的政策科学理论的演化中，每个阶段都面临多源流结构性关系的扰动、决定或影响。这三个措辞是不一样的。其中，"决定"说明多源流决定了政策议程的设置、政策的制定以及政策的实施，甚至决定了政策的评估和变迁。从弱一点的角度来讲，仅仅是"扰动"，多源流可能会影响议程，但可能并不能确定议程，只是在扰动，也可能是中间程度的"影响"。这种结构性的因素按照金登的方法可以分为三大类：问题流因素、政策流因素和政治流因素。这三大类因素把政策过程中的影响变量统统都囊括了，其中，明确界定问题（问题的复杂化、可视化程度、问题影响范围），尤其是问题性质、问题类型与问题界定方式，显然会影响政策议程设置。如果问题是很敏感的议题且和意识形态禁忌高度相关，那么，该问题的性质就注定了无论行动者如何花力气去推动都很困难。②

　　政策流反映问题技术上的可行性，有一些政策议题在技术上很难实现，没有成熟的技术能支持，这种政策在议题上或者决策上难度很大。我们都知道它是个政策问题，但是目前找不到好的办法来解决。政策议题的复杂性，比如公立医院改革，大家都知道公立医院改革在议程设置上没有问题，政府也在不断讨论，但是在政策制定上很困难，无法制定一个明显可行的、有效的改革方案，所以，该问题只能持久地拖延下去。政治流主要反映了决策中的各种压力，如集团压力、党派竞争与民意或国民情绪等。比如韩国民众对萨德的愤怒，部署萨德是一个政策，但政治流上反对声音巨大。政治流并不一定就能改变政府的政策决策，政府觉得安全感

---

　　①　拉斯韦尔的政策阶段论（周期论）是政策科学成立的理论基础。

　　②　比如涉及国家的政权性质或宪法问题，如土地问题涉及私有化在这个社会中就很难被人接受。而美国如果推动土地公有化，则国会大部分人都不接受这一观念，可见，问题的意识形态或价值观性质决定了解决该问题的难度。

以及安全价值目标诉求是优先的,这和韩国政府的价值目标诉求有关。韩国政府觉得朝鲜经常进行核试验对自己有一定的威胁,另一方面,韩国也可能想要迎合讨好美国政府,想和美国建立更紧密的联盟关系。于是,在中美之间平衡外交对韩国而言发生了微妙的变化,如其开始做选边外交或放弃严格的平衡(如果做平衡它就不会部署萨德了)。韩国一旦选择部署萨德系统,就等于其外交政策倾向和美国站得更近一些。实际上,政治流和观念问题的性质都是很紧密地交织在一起的,影响议程设置、政策制定乃至政策评估。

画一个矩阵很容易,但展开讨论并不容易,斯科克在威尔逊政治和行政二分法意义上来讨论这个问题,在二分法的传统上政策制定和政策实施是两种力量,政治家或国会议会负责政策制定,而政府作为政策执行的行政部门与政治家制定政策是分开的。但长时间以来,进行网络分析就是要弥合二分法,让制定政策的政治家也参与政策的执行,像中国政府政策制定过程和实施过程的网络是高度紧密关联的。除了人大制定法律外,政府行政部门既是政策实施部门又是政策制定部门。①所以,政策制定与执行紧密联系显然超越了威尔逊的二分法,政策网络分析将多源流结构、功能与阶段论的功能整合起来,这是研究方法和视角上的重要进步。

但斯科克(Skok,1995)把三个源流和政策不同阶段进行的匹配却未必有效,其分析还不是很到位。金登的多源流模型是为了解决政策议程的,在议程阶段,运用多源流分析是没有问题的。笔者做过一个案例研究,关于中国住院分娩政策以及青少年生殖健康政策,把多源流模型拓展到卫生政策的执行研究直观上是可以的(赵德余,2015)。但是,斯科克在分析时比较松散,对大量文献进行梳理的评论并不能展现到政策决策、制

① 比如卫生政策、劳动保障、医疗保险、农业政策、科技政策以及产业政策,这些政策制定的职能部门同时也督导政策的执行,制定与执行紧密联系在一起。

定和执行的各个阶段,而多源流运用的方式、运用的优点以及局限性等并没有充分地展现和讨论。①总之,不同的方法和不同的条件下发展的政策分析模型都是兼容的。

三、 产业政策的性质与争论:政策网络分析的视角

价值规范或道德规范的含义常常与产业政策密切相关。在产业政策的价值目标层面,价值约束性因素涉及发展主义的效率目标、安全、福利、自由、权利保护、免费的教育、种族平等与国家安全等理念愿景,这些规范最终形成政策目标和政策价值,并且存在于每个政策的议题中(赵德余,2008;2018)。赖特(Wright,1988)定义了自由流动,即企业决定在哪里生产、谁生产、如何生产、市场交易方式、定价原则、管制框架、企业的自主权、尊重公平原则等。其中,包括政府组织对企业当事人的确定性、一致性或非任意性的行为,这都是行动主体能够预期到的,包含了一些法律框架或法律规范,这与道德上的规范约束不一样。

赖特(Wright,1988)的《政策共同体、政策网络和产业政策比较》一文大部分内容都是在勾画政策网络分析的范式。作者提出的概念定义是比较精准的,区分了政策的层次、功能、领域、行业、子行业,重新梳理了政府的概念。与一般政策概念的定义不一样,赖特在描述这些概念时是在产业政策背景下进行的。赖特区分的这些行业看起来可能很吃力,但如果有契约意识,就知道这里面包含的契约的结构性和复杂性,如"产品的类型、同质性、差异性,服务的生产技术、生产规模,还提及企业的规模、地

---

① 但也可能受篇幅限制,这篇文章只能做笼统的概括讨论。我们在运用和研究的时候,要有这个意识,要善于把这种结构功能方法运用到政策案例研究中。这是一篇很好的文章,前提是要熟悉这些理论,熟悉政策过程原理并结合网络分析方法,以整合多源流方法。

理位置、所有权、控制权、结构的差异、消费者、客户、政府、雇员、行业协会……"这段话就包含了大量信息,说明赖特对工业产业政策的复杂性及其行动者间契约要素的驾驭十分熟练。可见,在研究一项政策的时候,要对政策方针的内部结构和属性非常熟悉。

应该说,赖特(Wright,1988)对政策规范和政策行为规范的定义与我们在界定其他变量的时候有相似之处。比如政策规范相当于豪沃的持久性规范和描述性规范,其中,观念价值系统是强有力的约束规范,但该约束和行为规范作用逻辑不一样。比如在水资源和农业生产的政策规范上,道德规范会体现为一种强烈的安全担忧。中国粮食生产安全的警惕性很高,包括18亿亩耕地红线以及对粮食进口占比的严格控制,这实际上是安全意识甚至是国家粮食政策目标的价值规范在起作用①。与中国一样,西方很多国家不仅对自由权利的安全意识很高,而且在金融市场安全防范保障方面也有一定的规范。但在具体的行为规范上与价值规范明显不一样,前者涉及行业的行规、风俗或民约等非正式行为规范②,包括企业家创新精神与产权观念等文化传统。

政策法律规范和价值规范对企业和组织的行为直接产生约束力的都称为一种制度关系——无论是非正式制度的约束关系,还是道德价值规范或政策规范,这两种规范都会对政策网络及其行动者的行为产生实实在在的影响。在政策契约分析或者网络结构分析的时候,也要关注政策目标背后的价值目标因素或规范作为非正式约束与法律框架或宪法等正式规则,这些在政策网络分析框架中都是有体现的,但是与把行为约束与规范独立出来的处理方式是不一样的。

---

①　中国要求粮食自足率要90%以上,95%是在谷物的水稻和小麦上;一般包括大豆和玉米之后,我们的自足率会降到88%—90%,但总体上的自足率仍非常高。

②　就像学校学生行为规范一样,学生不可以在课堂上把脚放在桌子上,不可以光着膀子跑到课堂上,这是不符合行为规范的,当然法律上这些人不会被抓起来或制裁,但这是一个非正式的约束规范。

赖特（Wright，1988）对罗茨和马什的研究并未充分关注，且对网络的关键维度或变量以及对政策共同体和政策网络所做的界定和区分比较方面总体上也与罗茨的等研究大同小异。①赖特提到了罗茨的网络要素包括成员资格、发生频率、交互方式、兴趣、独立性与专业化类型等，但是其政策网络的分析更多依赖于所谓的游戏规则即博弈规则。所以，在宏观和微观规范框架的约束下，赖特在整体上建立了依赖于网络行动者之间的博弈规则的一个网络分析范式，其中既包括博弈规则的互惠性和非正式性，又有相对正式的法律救济等议题。在某种意义上可以说，赖特对政策网络的运用十分强调马什和史密斯的政策网络规则这一变量对于产业政策的左右。当然，如果把作为网络规则的博弈规则和契约的信息不对称或博弈论等方法整合起来，完全可以将其分析框架更加正式化。不过，赖特的这种分析模型或框架不是非常的正式，像我们前面所讨论的那样，这种非正式模型的缺点就是比较松散，但其仍然是有洞见的。

　　如果运用以上分析框架来评价林毅夫和张维迎关于产业政策的争论，可以发现双方各执一端，基本上都没有在政策学科系统上讨论问题。林毅夫对经济学正式模型推演出的结论及其积极的政策含义具有一种自信[如市场存在的信息不对称等缺陷可以由政府的产业政策加以矫正（参见林毅夫，2016）]，但是，这种政策相反的后果或消极含义到了张维迎那里就变成自负了，显然，他走得更极端且坚持认为所有的产业政策都注定是失败的。张维迎对政府的任何产业政策都是非常高度地警惕或常常略带敌意，因为其对政策潜在后果的讨论并不在一个特定的政策网络结构中或者政策子环境中加以展开和推敲，而是高度依赖于对理论抽象的新古典经济学关于知识/信息不完全性的假设条件不满足（或认识论上的不

可能性)以及(对企业家才能的)激励机制设计困难性(不可能性),从而推导出任何产业政策只能是"计划经济幽灵"的外衣,其命运也只能注定是类似于计划一样的失败下场(张维迎,2016)。

可见,无论林毅夫还是张维迎,两者有关产业政策的辩论都是在更一般的政策有效性假说的理论抽象或经济学层面展开的,并不过多地涉及产业政策的经验实证层面的问题。不过,一旦将这场产业政策的争论转入或换个政策网络的视角加以思考与讨论,我们就需要关注产业政策的具体目标以及该产业具体的政策网络结构及其组织行为特征。这意味着一开始在建立政策网络分析模型的时候,需要提醒一下,相对于产业政策研究而言,政策网络其实更难以在国家层面讨论。[①]同样,只有在子行业的子行业中去讨论的时候(如在汽车产业、农业政策以及能源政策等具体产业政策方面),其才有显著的可比性,才能够识别出所有的政策行动者福利变化的含义、政策目标的诉求及其公平性与效率的改进等,由此,政策的有效性评价的基准才有实质性的含义。否则,政策的成功和失败就永远无法评价,因为政策目标永远是多重的,在某些方面其较为标准易测量并且某些特定环境下的政策子系统目标是成功的,但是,在另外一些目标系统上却是局限的或失败的。

可见,任何一个政策系统都是有缺陷的,在其局限性方面就其目标而言些政策可能就是失败的。从这种意义上来说,林毅夫的产业政策观点至少是比较谦虚的。虽然他对经济学模型或理论知识在解释产业政策效果的判断上是比较审慎乐观的,即认为产业政策在特定环境和特定条件下至少就特定政策目标意图而言是有用的,尽管不一定是完全有用或

---

① 在一个宏观的经济政策里面,产业政策似乎都显得宏大了,所以,罗茨反复说要在子行业中去讨论。如果要用政策网络来研究中国新医改政策,就会无所适从。该政策网络的模型非常复杂,我们在课堂上已经讨论了许多政策网络的医改子系统,客观上,也只能在一个子系统的背景下来讨论诸如医疗保障政策、基本药物政策、医疗保险政策、医疗资源的配置政策等方面的医疗卫生政策,因为每个子行业政策都非常复杂。

完全成功的，但他也承认产业政策是有缺陷的。因此，林毅夫对产业政策的认识基本上是比较谦虚和积极的。但是，相对而言，张维迎的论证逻辑似乎陷入了任何条件下产业政策注定会失败的宿命论之中，其绝对主义的结论使其看起来完全变成了自负的保守主义。不过，从足够长期的终极意义看，张维迎的观点并非完全没有道理，毕竟任何政策以及相应的正式与非正式的行业规范或规则等最终就像药物一样，药效会逐渐衰减到总有失效的一天。所以，在运用政策网络分析产业政策特别是进行比较分析的时候，还需要高度警惕或关注产业政策的差异性、具体性以及复杂性，一旦各种行业与行为规范失去了与政策目标一致性的约束功能，则政策失灵的风险也会随之上升。

可见，政策评价要依赖于网络结构、结构形态和相关评价标准的确立。赖特的这篇文章很有价值，值得大家反复斟酌，对于一个行业政策的研究而言，其评价标准和政策规则的细节讨论值得学习和借鉴。如果把这篇文章和下文提到的另一篇关于精神行为障碍的文章进行比较，它们的共同特点是有很多政策案例细节，这反映了研究者对政策案例研究相关的细节掌握具有特殊的重要性。但是相比较而言，当下很多政策案例分析还是很粗糙的，赖特虽然在产业政策上提了一小段，但从整篇文章可以看出，其对产业政策的理解是非常深刻的。

四、 政策范式、话语分析与政策网络：水资源、能源和科技政策

仅仅认识到价值目标或规范的重要性是不够的，更重要的是要研究价值目标或规范是如何影响与塑造政策网络及其结构与行为的效率特征的。水环境、能源与环境问题一直是政策网络方法运用分析的重要领域。

其中,一个关键的价值特征是这些领域会十分普遍地面临诸如水资源供给安全、能源安全以及科技被压制的安全风险难题的政治压力。米纳罕(Menahem,1998)的《政策范例、政策网络和以色列的水政策》一文与我们过去所研究的粮食政策变迁史所面临的安全担忧非常类似,尤其是关于政策背后意识形态和价值观念的优先序的争论非常重要(赵德余,2008;2018)。以色列对水和农业的重视程度非常高,即使水资源如此稀缺(比油还贵),仍然强调水对农业的价值,任何扩张的政策目标仍然要保证农业优先用水的政治优先地位。看得出来,以色列处在一个特殊的环境中——担忧国家安全形势恶化以及周边环境恶化导致粮食禁运风险,一定要保证农业的自给自足。因此,米纳罕觉得基布兹合作社(相当于我们的集体农庄)在沙漠中建立现代化农业需要高度节水。

为了解释水政策的变化,米纳罕将政策网络与政策工具相结合,强调政策工具的选择要适合政策的目标和政策问题的性质以及与环境的匹配性,这类似于我们所定义的政策权变模式(赵德余,2013)。米纳罕将政策范式定义为包含了政策目标思想、标准体系、可实现目标的工具以及它解决问题的本质,即解决政策问题的性质并对症下药,该政策范式界定类似于政策权变模式的构建。米纳罕认为,应该通过网络的方式来解释这一模式的不断变化,而模式变化又和结构功能模型是一样的(即政策的阶段模式和政策的多源流模型)。作者将多源流范式替换成了政策范例,而该政策范例在很大程度上和多源流相近,只不过多源流包括问题流、政策流和政治流。这篇文章里定义的是目标、工具和问题性质结合。其中,政治目标相当于政治流,政策工具相当于政策流,问题性质相当于问题流。一旦将权变模型和多源流模型做类比,就会发现作者运用的多源流范式和功能-结构的权变范式高度一致。

在不同的历史阶段这种范式是如何变化的? 是范式导致了网络的变化,还是网络导致了政策范式的变化? 这是一个存在争议的问题,但不是单一的线性关系。马什和史密斯的文章认为,网络结构、网络形态、行为和效果都是交互作用的辩证关系。但是,吉拉·米纳罕显然不这么看,其对政策范式理解比较固定,认为政策范式没有发生很大的变化,其主要是由于政策网络中核心行动者的强烈抵制。米纳罕把政策网络定义成一种特殊的网络(社团主义网络或法团主义网络),相当于准政府或者铁三角关系(或者影子政府或者法团主义的政治共同体),即政策行动者通常是属于较为少数的关系非常紧密的政府部门(如水利部、农业部和议会水利委员会等),这些由少数政府部门构成的寡头行动者在一定程度上控制着农业政策过程。虽然农业政策优先保护农业用水,但对水资源预期性的危机以及其未雨绸缪的政策范式干预已经弱化了,一直到危机变得非常严重的时候,国家才意识到水安全压倒一切,开始把农业部门的利益往下降一降,要求水资源的政策网络开始独立。是政策范式驱使网络结构的变化,还是网络结构变化导致范式变化了呢? 如果从结构功能主义来看,是多源流导致网络在变化,为什么变化? 因为多源流中的一些政治流产生了阻力,阻力导致网络结构形态固化,坚持法团主义导致缺少灵活性。国家或中央政府的政策目标没有占主导地位,所以强调国家的自主性就是强调中央政府和地方政府部门之间的关系变得不一样,这实际上是很容易做类比的。

　　网络结构会影响政策范式,显然,问题的性质变化也会影响网络结构。比如水资源是不是严重危机,一旦争水抢水事件造成危机,其就会引起一个国家政策决策者的警惕以预防或控制可能出现的严重后果。以色列不断在巴勒斯坦建居民定居点,为什么不向巴勒斯坦退却和让步? 在很大程度上就是因为那个地方距水源比较近,以色列要缓解自己的水资源压力,但多数人不会在国际纷争时考虑到以色列的诉求。问题性质和水资源稀缺会导致政治流发生变化,政治意识形态强化了反对农业部主导的政策风格及其网络结构(形态)的政治力量,于是,行动者占主导地位的力量平衡会发生变化,从法团主义变成更加平等的多中心网络结构。这反映了在国家层面上政策网络相对地位的变化。但这方面做研究有难度,因为很难知道各个部门领导是怎么想的,或者说需要进一步的资料加以证实。

对于政策行动者而言,无论坚持什么样的价值,如安全目标、效率目标、公平正义目标、自由目标,或者是坚持什么样的意识形态,要论述其坚持某种道德立场和战斗立场都不容易,往往需要通过其话语或语言的潜台词分析,说明其哲学的思想和价值的倾向。托克(Toke,2000)的文章《政策网络的建立:能源效率的案例》提及的话语分析在哲学、道德科学、政治学、政治哲学以及历史学家中用得比较多,因为话语的内涵往往不是特别容易确定而且不易运用到政策研究之中。托克把话语分析运用到网络分析中,而且希望能解释网络的发生,即网络动力学。怎么样发起网络?怎么控制网络?网络的行动者(包括协作者)之间的理性与利益是不是一致的?

如果诺斯意义上的第一行动者捕获了潜在的经济机会(三种经济机会:要素相对价格的变化或溢价机会的出现、降低不确定性与节约交易费),能源的节能减排就有很大的潜在经济机会(North,2008)。经济机会就是鼓励能耗比较低的产品在市场上受到优待,而且获得政府补贴,光能、电能、生物燃料(垃圾发电)等新能源企业有很大的潜在机会。托克很细致地描述了建筑能源联盟或者政策网络如何形成,通过不同的行动者(能源部节能协会、节能联盟、其他党派以及社会组织)形成了政策共同体。但是,像家电行业的利益受到损害就会抵制或态度消极一样,这本质上是一个集体行动的逻辑,即为制度变迁的网络动力学提供一些证据。

但是,话语分析方法存在一定的缺陷:第一,通过一种话语描述政策内容和政策所处的背景,但是话语本身并不能证明研究的可靠性或客观性。话语本身作为一种证据是无奈的,在没有办法找到新的证据的情况下,话语就相当于二手资料,显然更直接的证据要比话语可信。文本的话语(不是我们访谈中的证据)具有二手性,其本身作为证据是有缺陷的。因为行动者的策略和其所声称的可能不一致,这是话语研究的缺点。第二,不同话语可能存在冲突,但是研究者往往会取舍,即选择对自己有利的话语,甚至有意忽略对自己研究不利的信息。①话语的选择具有随意性或可信度不高,这是话语分析方法本身内在的缺陷。还有一个问题是关于网络的创建,作者进行话语分析的时候,没有把价值的意识形态作用、观念作用、利益集团的政治行动以及集体行动作用分离出来。节能减排联盟有的时候利益受损,但整个社会的舆论形成很强大的观念时,政策决策者的意识形态也会改变。比如美国在节能减排问题上,从决策者或政治家的角度来讲,是要付出很大代价的,如一些产业企业面临关闭以及产业结构调整转移等局面,于是,经济活动放缓,就业率下降。虽然政府为了更好的环境或追求经济的可持续发展、绿色发展的价值观念在意识形态光谱或道德上占据主导地位,但是,一旦经济下行的困难和抱怨上升到一定水平,决策者的价值观念也会发生变化,从而会促使政策网络中的相关行动者行为发生策略性的改变。

无论是政策风格或范式的形成,还是政策话语分析,都离不开特定的政策网络或核心行动者的主体性互动关系。与政策网络标签相比,准政府就相当于次级政府,而核心层和协调的次级政府两个变量合在一起又类似于政策共同体的概念。早期政策共同体包含的外部参与者比较少,后来把国际的外部参与者(很多的国际组织)拉进来,如美国的自然基金会、智库以及其他机构等。在医改政策中,中央医改领导小组可能是次级政府的概念,但医改中有核心的领导小组,如卫生部、劳动保障部、民政部属于执行核心,外围的教育部、老龄委与残联就是协调的次级主体。看得

① 类似于历史学者在使用考据的时候会用一条证据链编成一个假说,而同样的考据则会重新解释成另外一个假说,于是,我们对同样一个事件的判断就完全不一样了。

出这种结构的转化脉络很清楚,反映了共同体和政策网络之间存在的这种光谱,从行动者关系很紧密的网络结构变成了一个非常松散或更复杂化的网络结构。朱迪丝·霍姆肖(Judith Homeshaw)的《澳大利亚的政策共同体、政策网络、科技政策》一文的套路相对分散,但内在逻辑很清楚。作者运用了政策共同体和政策网络两个概念和方法,不仅对概念方法进行了一些评论,还解释了澳大利亚科技政策变化最重要的方面,即影响科技政策的行动者规模、行动者之间的关系和结构是如何变化的。作者的分析模型展示得很清楚,即早期科技政策行动者比较少,而后来越来越多。

可见,政策网络可以用作分析性的或方法性的,霍姆肖描述了科技政策中所有的行动者和决策者之间关系结构的变化,但分析的深度显然不够。霍姆肖给我们提供了非常好的机会来研究比较不同领域的科技政策及其网络结构差异,比如科技政策在制造业中的运用是通过科技企业或产业利益集团来推动科技创新研发,这属于民间的研发力量。中国的一些研发基金包括政府补贴资金的设立表明,高科技政策试图支持芯片与人工智能等民间企业的发展。对民营企业成立的研究或研发机构,政府一样给予支持,如对成立博士后流动站给予扶持。农业科技政策则相对比较松散,农村的政策主体比较弱,如科技工作站或推广站等网络系统都比较薄弱。在农业的环境保护科技、住宅和基础设施以及农业种植技术方面,科技协作反映了整个国家科技研发的共享、技术的传播扩散技术转换的理论基础(科技研究到应用)等相对较弱。科技政策中以上提及的四个议题显示出来的网络结构是不一样的,如果能对每个议题领域中网络结构主体的行动者差异性进行深入的挖掘,则各个议题的政策科技网络特征就会更加具体且易于比较。为什么政策网络结构在不同的领域中发生的变化模式不一样,以及为什么不同领域中网络结构形态是不一样的,作者没有做深入的讨论就一带而过,后续的网络研究可以做得更细致。

很显然,在政策案例研究中,政策范式、话语分析与政策网络行动者互动关系之间的联系是被割裂或孤立的。

五、 社会服务与地方性政策实施：行动者网络与政策网络

社会服务提供及其相关的地方性政策实施既可以从行动者网络的角度也可以从政策网络的角度加以解释或分析。《行动者网络、政策网络与人格障碍》一文是由尼克·曼宁(Manning, N)于 2002 年发表在《健康与疾病社会学》(*Sociology of Health and Illness*)上的①。曼宁在运用网络分析的时候,网络分析对其来说是一个域外的概念。尤其从公共政策视角来研究健康问题,在某种意义上,健康领域的学者在疾病与健康方面的专业知识是非常丰富的,只不过他不满足于运用医学或卫生领域的评价方法,而是尝试着用社会学或政策分析的结构或模型来解读对某种疾病人群的服务模式。②这样的研究就是一个很好的跨学科尝试,曼宁把网络分析两种模式的结构性特征要素梳理得很细致。但有一个不足的地方,即没有把行动者之间的关系勾画出来,如果能把这些关系图示更清晰地演示出来,并把关系分析的维度确定下来,那么,这两种网络分析方法的比较就可以制成表格以形成清晰的对照。③

在行动者网络中需要重点关注几个要点:异质性、远距离行动的安全

---

① 这篇文章其实和笔者写的《政策网络分析的多重面孔》对社会组织支持四种模式的运用相似,但这篇文章的作者尼克·曼宁实际上用了其中的两种,写得也更精致。笔者用了四种范式,但每一种范式只是给大家解释了一种结构,就像四个维度都是非常简要地拍了个"照片",但没有拍得很精细。

② 该作者属于跨学科研究,其文章都是发表在社会学期刊上,而且是关于疾病的,非常像潘天舒在复旦大学成立的哈佛-复旦医学人类学研究机构,参与其中的相关研究人员既有来自医学或公共卫生领域的专家,也有人类学和社会学领域的专家。

③ 如果要对这篇文章做一个评论或继续在这一基础上去进行研究,应该画两张图,其中一张是行动者网络,用他的分析语言把行动者网络中的几个主要行动者画出来。

性、行动者之间的关系、执行方式（而不是认知方式）。在总结行动者网络方法中有较强技术性的概念时，曼宁提到的社会学意义的"行动者网络"和本书定义的行动者网络有很大的差异。因为其技术性体现为网络分析中的工程色彩，曼宁用了很多翻译/转译的工程概念，提到信号的接收和破译，就像控制智能系统需要接收信号。①信号类型是什么含义及怎样影响决策？曼宁强调了远距离观察，说明作者提到的行动者未必是人格化的，可能是任何一个要素，包括人类、动物或技术，都可以在网络中成为一个节点，信息链中的节点存在一个信息解读或者翻译/转译机制。在这种情况下，曼宁所运用的网络分析的技术性特征很强，而关于关系型契约的信息不对称、策略性内容强调比较弱。总之，曼宁建立的是一个早期的社会行动者网络模型，这种社会学意义上的行动网络模型非常强调行动心理因素、环境因素和关于行动的属性。因为曼宁没有将其模式化，所以在短时间内也很难吸收其中的细节。但是，可以想象，一个人格障碍综合征患者在获得服务的过程中，涉及很多协作者，包括家属、同事、社区以及医院和警察，还有专业学术机构、研究机构，这些行动者之间的确是一个复杂的网络化关系。

对协作者之间关系的构造将会影响到对人格障碍患者的服务和治疗效率，是否进行评估以及进行何种评估，取决于研究者所定义的相关服务网络模式。这种服务相关政策实施的关系模式是以行动者为中心的（即无论以服务者为中心，还是以人格障碍患者为中心），且围绕患者和服务者形成了一种网络关系结构。但是，相对而言，政策网络分析就不太一样，其更多关心的不是服务本身的疗效问题，而是受到了约束的服务恰当性、该服务提供者的资质以及服务提供者和相关学术机构或专业机构的

————————

① 比如智能机器人需要接受外部环境的信号，并对信号进行控制转译之后才能做出反应。所以这是典型的工程技术上的网络分析语言，转译非常重要，需要转译是因为工程上的每个行动者接收信号的类型不一样。

技术支撑相关的一种伙伴关系,还有外部资源的支持(包括社区资源的支持)。如政策网络分析更多强调不同支持方式对人格综合障碍患者提供不同的政策干预工具(比如说补贴或者给予更多的医疗服务),都要来自财政资金以及不同服务机构的准入。当然,这还涉及政治上的辩论和争论,还包括对监狱机构或者其他一些机构有没有强制力,对潜在的患者采取强制性手段则关系到人权问题。这是一个政策工具的适当性或合法性问题,其中涉及诸多具体的问题,包括治疗中的隐私问题、药物或者服务方式是否受到禁止的问题,也受到能力和道德限制的问题。由于涉及政策/政治上的选择问题,作者认为随着网络的主体数量增多,不同政府部门之间的关系扩大到政治层面了,从而构成了一种政策网络。

关于政策网络和服务网络,曼宁关注的侧重点肯定是不一样的,和笔者早期讨论的没有相似之处,但他也没有把网络的结构给勾画出来。①毕竟做到这一点并不容易,因为这里面有很多的信息不对称问题。可能会有人策略性地利用患者的弱势地位,或者是其家属的弱势地位对患者采取不利行为。如利用这种形式向政府和其他机构套用资金,这些都是服务领域中可能存在的问题,但这些问题在曼宁的研究中并没有过多涉及。对人格综合障碍的鉴定的交易成本测量也有一定的困难,有很多医学知识的不完整导致了模糊性,这些都会对网络关系产生影响,但这些影响怎么评估? 我觉得曼宁的方法还不够全面,有很多缺点,但他的确是进行政策网络研究的一种尝试。②

关于地方性政策实施或评估的网络研究,采用基于定量统计方法的比较案例研究可以回避对案例关系细节描述、以强化对网络结构形态及

---

①　如果勾画出来两个结构的形态就一目了然了,然后再列一张表,把两种网络的矩阵差异做出来,那么,这篇文章就更加专业、更加清楚了。

②　作者运用了两种模式,甚至写论文的时候只要用一种行动者网络就可以了,比如说大学生网络贷款、校园贷款政策、节能减排、网约车等系统,这些网络制度只要运用一个网络模式分析就可以,关键是对网络结构的形态、属性及其相关证据案例细节的剖析要清楚。

功能的理解。《对比当地政策网络》一文通过两个问卷调查来检验网络行动者的特征,包括网络中行动者的参与问题的领域特征,比如学校、公路、行人专用区等(Melbeck,1998)。梅尔贝克的研究属于地方公共政策议题。梅尔贝克在 a 社区和 b 社区分别调查了 114 个组织和 101 个组织,调查内容包括调查对象或组织对社会制度、社会政策决策的态度以及这些组织参与社区公共决策的方式、层次和影响力等相关问题。①通过向100 多个社会组织发放问卷调查,以分析参与社区公共政策决策的方式,进而说明网络中不同行动者的角色,分析这些角色的联系是否紧密,角色是否有显著的影响或者差异等。②

　　但定量统计方法在政策网络分析中具有一定的局限性,因为每个政策相关的网络属性是不一样的,这种量化测量方法不能充分描述网络结构及其行为性质的差异性,可见,简单的量化统计数据和个人访谈并不能充分展现网络的复杂性。比如建立或更新城乡社区在中国就涉及用地甚至征地问题,将老城区的居民迁出如何补偿问题,步行区或者新社区的建设对周边环境的破坏以及对原来土地房屋产权的补偿,等等,这些问题都涉及地方性社会政策项目的收益和成本的测算。如新学校建设可能不仅面临土地划拨或征地问题,选址也很重要,如果学校区位非常好,片区的老百姓会非常支持。但是,远离学校选址地方的居民就不同意,因为纳税人觉得公共财政的资源被用来建设了一个不合意的学校。可见,地方性社会政策网络中有哪些合作者和支持者? 有哪些反对者? 有哪些潜在的

---

① 一些调查的问题也设计得很简单,比如建设新建筑的必要性(是否应该建设新学校,或者是否应该建设传统的小学或者小学和中学的联合体),当地社区的公共事务决策(建立行人专用区、城市建立步行区)。

② 梅尔贝克给我们提供了一个很好的实证方法,但笔者觉得在选择调查对象时难度比较大。调查对象从 500 多个压缩到 83 个,梅尔贝克需要寻找一个标准来筛选剔除,然后进行访谈,工作量很大。如果在上海市挑 100 个社会组织或企业或行业组织负责人去调研,工作量远远大于找两个案例做政策分析。但梅尔贝克采用的定量实证研究,在研究设计上要精准,设计的政策议题要有很强的代表性(如为什么选择公路、学校、城市步行区这样的政策决策,因为这些政策和民生息息相关)。

联盟可以形成？各个行动者采取的策略是什么？为了明确以上网络结构特征及其行动策略问题，具体的案例研究十分必要。

　　地方性基层政策实施过程中，各个行动者是通过议会的形式参与还是通过和地方政府负责人或政府部门的协作关系来参与，如通过引入基金会、资金赞助商或者建设方的方式来提供参与机会？由于梅尔贝克没有通过定性的案例来描述具体的实施网络的结构性关系，因此，看不出来环保主义者与媒体在地方性社会政策项目实施运作中的作用。如地方污水环境治理属于工程问题，涉及很多部门，如何处理道路、学校和社区建设的利益和成本分担，导致不同行动者之间关系紧张或联盟紧张，这些都不是很清楚。整体而言，对网络进行大量的定量实证检验甚至可控的政策项目实验研究是一个趋势，是将来进行政策研究可以不断试图探索的一个方面，但需要认识到，定量实证与实验研究同样有难度且存在一定的局限性。

　　可以把这篇文章与其他案例进行对比，比如韩国一个州县高尔夫球场部署萨德防空导弹系统，州县的老百姓就开始抗议，反对政府的政策。和这个案例对比来看，由中央上层施加给地方和地方自发发起的政策差异很大，要看到政策的可比性。比如道路建设是地方社区规划还是联邦或州省一级政府规划给地方？如果是国家和州县的上一级政府规划给地方建设公路，就意味着道路的建设费用全部由上一级政府提供，联邦拨款地方钱少，有很强的公益性。如果是地方社区（县或乡镇）自己建造道路，道路的建设成本全部由地方筹资，上一级政府只给予很少的补贴，这是集体性的产品，并不是完全的公共产品，这时地方的影响和阻力就很大（Melbeck and Christian，1998）。要看到产品的决策层级和实施层级是不是都在同一个层级，比如韩国部署萨德的决策，让地方自己决策，他们肯定反对，没有一个地方愿意把这样危险的导弹放在自己生活的社区和城市的边上（核辐射的影响是巨大的）。

地方实施性的政策网络很值得研究,我们也应该考虑做一些案例对比。比如地方的政策分析,一个决策层完全在基层,一个决策层是分割的,对比看地方政策网络结构的差异和行动者的策略态度就会很不一样。当然,进行对比的案例的政策议题、性质和领域要相关,不然问题的属性就会不一样。

六、 结语:政策网络分析方法的再讨论

相对于政策网络分析在具体案例研究中的运用,对网络的结构性质和方法的探讨在研究文献中并不是特别多。其中,对政策网络中很多概念的运用(比如说政策共同体、准政府、铁三角)有助于理解对政策网络标识不同标签,从而便于对政策研究各种各样的专业术语进行梳理和比较(Jordan and Schubert,1992)。很显然,有关政策网络的专业术语如果都能够用标签加以识别,不同的专业术语在标签光谱的某个位置若能得以界定实际上也是很有意义的一件事情。所以,政策网络分析的各类文献要放在一起来阅读就会有整体感,就能够相互理解和相互验证,而孤立地读一篇文章就可能理解得不够深入。这些文献还包括对网络方法及其网络中行动者之间的协同关系进行的具体探讨,比如说强关系和弱关系。此外,大部分政策网络分析的实证研究文献都是在具体的案例背景中来讨论的,包括产业政策、能源政策、水资源利用政策以及人的精神残疾社会服务等。看得出来,政策网络分析一定要在具体的情境或案例背景中展开。

政策网络分析的理论和模型在经验案例研究中的价值是显而易见的。不过,从政策科学方法论层面的反思和讨论也非常有必要,这将有助于加深我们对政策网络方法及其政策研究模型选择包括其局限性的理解

和认识。正确看待政策网络分析模型以及了解模型有哪些优缺点，显然有助于我们思考政策理论和方法问题。每一种网络模型或研究方法背后都有哲学基础，也就是通常所说的经验主义和实证主义，或者规范主义和实证主义。相对而言，政策网络分析模型更多是通过一两个案例来观察其政策系统的结构。具体来说，这些系统结构按照某种模式运行，且不同系统结构之间存在一种可以先验预测或后验观察来验证的关系，应该说案例研究正是基于观察的经验进行验证的后验模式。经验性模型很多是非正式的，因为非正式模型在不同地区或不同案例中结构是不一样的，甚至不同的人建立的模型都不一样。经验主义模型高度依赖于所处的案例环境、研究团队、研究参与者、模型建造的方式以及收取了多少信息。显然，与非正式的政策网络经验模型相比，价格理论或供给需求模型、经济增长模型等这些先验模型往往比较正式，且可以开展模拟和预测（Jordan and Schubert，1992）。

　　当然，并不是说经验主义的政策网络分析模型都只能是非正式的，经验主义模型也可以做得很复杂、很漂亮，也会变成一个相对比较正式的网络分析模型。这说明案例经验主义和定量的实证主义也不是绝对的，中间也有交叉和过渡形式。有一些网络模型看起来可以是政策案例经验主义的研究，但是，如果通过适当的社会测量和问卷调查，其政策网络模型假说也有可能转变为定量实证主义研究。甚至有些政策网络研究设计还可以综合案例比较和统计定量模型的运用，从而使其处在定量实证主义和案例经验主义二分法的中间状态。

本讲讨论提纲

1. 如何理解政策网络标签？如何对不同类型的政策网络标签进行排

序和分类?

2. 如何从功能主义视角理解政策网络分析在政策研究过程中的运用?

3. 在产业政策的争论中,张维迎和林毅夫分歧的关键点在哪里? 如何从政策网络视角评价产业政策的有效性?

4. 在不同的历史阶段下这种范式是如何变化的? 是范式导致了网络的变化,还是网络导致了政策范式的变化?

5. 在地方性政策实施研究中,如何区分行动者网络和政策网络的特征及其差异?

参考文献

[美]V. 奥斯特罗姆、D. 菲尼、H. 皮希特编:《制度分析与发展的反思——问题与抉择》,王诚等译,商务印书馆 1998 年版。

[美]道格拉斯·C. 诺斯:《制度、制度变迁与经济绩效》,杭行译,格致出版社 2008 年版。

[奥]卡尔·波普尔:《科学发现的逻辑》,查汝强、邱仁宗、万木春译,中国美术学院出版社 2008 年版。

林毅夫:《产业政策与国家发展——新结构经济学的视角》,载《北大国发院简报》2016 年第 61 期(总第 1305 期),2016 年 11 月 15 日。

张维迎:《产业政策实质是计划经济思想》,新浪财经意见领袖专栏(微信公众号 kopleader),2016 年 9 月 29 日。

赵德余:《政策制定的逻辑:经验与解释》,上海人民出版社 2010 年版。

赵德余:《中国粮食政策史(1949—2008)》,上海人民出版社 2017 年版。

赵德余:《主流观念与政策变迁的政治经济学》,复旦大学出版社 2008 年版。

朱亚鹏:《公共政策研究的政策网络分析视角》,载《中山大学学报》2006 年第 3 期,第 80—83 页。

Blom-Hansen, J., 1997. "A 'New Institutional' Perspective on Policy Networks." *Public Administration*, 75(4):669—693.

Dowding K., 1995. "Model or Metaphor? A Critical Review of the Policy Network Approach." *Political Studies* 43(1):136—158.

Granovetter, M. , 1983. "The Strength of Weak Ties: A Network Theory Revisited." *Sociological Theory*, 201—233.

Homeshaw, J., 1995. "Policy Community, Policy Networks and Science Policy in Australia." *Australian Journal of Public Administration* 54(4):520—532.

Jordan, G., and Schubert, K., 1992. "A Preliminary Ordering of Policy Network Labels." *European Journal of Political Research* 21(1—2):7—27.

Lasswell, H. D., 1970. "The Emerging Conception of the Policy Sciences." *Policy Sciences* 1:3—14.

Manning, N., 2002. "Actor Networks, Policy Networks and Personality Disorder." *Sociology of Health & Illness* 24(5):644—666.

Marsh, D., and Smith, M. J., 2001. "There Is More than One Way to Do Political Science: On Different Ways to Study Policy Networks." *Political Studies* 49(3):528—541.

Melbeck, C., 1998. "Comparing Local Policy Networks." *Journal of Theoretical Politics* 10(4):531—552.

Menahem, G., 1998. "Policy Paradigms, Policy Networks and Water Policy in Israel." *Journal of Public Policy* 18(3):283—310.

O'Toole Jr., L. J., 1997. "Treating Networks Seriously: Practical and Research-based Agendas in Public Administration." *Public Administration Review*, 45—52.

Raab, C. D., 2001. "Understanding Policy Networks: A Comment on Marsh and Smith." *Political Studies* 49(3):551—556.

Skok, J. E., 1995. "Policy Issue Networks and the Public Policy Cycle: A Structural-functional Framework for Public Administration." *Public Administration Review*, 325—332.

Toke, D., 2000. "Policy Network Creation: The Case of Energy Efficiency." *Public Administration* 78(4):835—854.

Wright, M., 1988. "Policy Community, Policy Network and Comparative Industrial Policies." *Political Studies* 36(4):593—612.

第三部分

政策网络案例分析

第 8 讲
医疗保险基金监管的政策网络结构及其
行为困境分析[*]

一、 引言

医疗保障是一个覆盖全民的领域,医疗保障基金是人民群众的"看病钱"和"救命钱",医保监管关系到人民健康水平和社会安定团结。《中共中央国务院关于深化医疗保障制度改革的意见》明确要求:"健全严密有力的基金监管机制,始终把维护基金安全作为首要任务,织密扎牢医保基金监管的制度笼子。"尤其在国家医保局成立之后,多次开展打击欺诈骗保专项行动,2019 年处理 26.4 万家定点医疗机构和定点零售药店,超过全部两定机构的 30%,直接收回资金 115.56 亿元^①(国家医疗保障局,2019)。但在严打高压下医疗保险领域骗保诈保的事件还时有发生,屡禁不绝,骗保新手段层出不穷。当前,社会诚信意识相对缺乏,医保领域更

---

* 本讲主要内容由赵德余与张岖合作完成,原文发表于《贵州社会科学》2021 年第 6 期,第57—65 页。

① 参见国家医疗保障局:《国家医疗保障局对十三届全国人大二次会议第 3809 号建议的答复》,EB/OL(2019-08-06)https://www.sohu.com/a/331911302_439958。

显滞后,行业内尚无强有力的自律约束,法律法规体系也仍在健全。尤其在人口老龄化趋势日益加大和降低企业负担的双重背景下,目前医保基金筹资日趋变缓、支出增长趋势仍然较快,少数地区已出现当期医保基金收不抵支的问题,医保监管形势显得更为严峻。

基于此,本讲将运用政策网络理论这一分析工具对我国医保监管政策中各主体网络和行动者以及互动关系进行分析。政策网络的利益调和学派强调多元行动者及其关系模式对政策过程和政策结果的影响和作用。医保监管涉及的行动主体众多,且围绕特定资源形成依赖关系,而这种相对稳定的关系模式正是政策网络的结构。因此,本讲将基于罗茨的经典政策网络类型模型对政策网络行动者的动机、资源和行动者之间互动情况和交易属性的分析,对医保监管的政策共同体、专业网络、政府间网络、生产者网络和议题网络从政策网络结构和不同网络之间的关系进行分析,试图透视医保监管政策实施困境的原因,并为保证基本医保制度可持续发展,建立有效监管机制切实保障医保基金安全提出相应的有效对策。

二、 中国医保监管政策的网络类型及其结构特征

我国医疗保险制度采取的是社会医疗保险模式,不过保险经办并没有交由市场完成,我国医疗保险从政策制定到具体经办都是由政府统一规划和调度。因此,对我国医保监管政策网络的研究需要格外关注政府(国家机构)的主导地位和作用。当然,提供产品和服务的定点医药机构及其执业人员、医保患者、医保专家、普通公众及大众传媒等行动者围绕医保基金的使用,基于各自的动机和资源进行互动、合作和博弈,使得医

保监管问题存在高度不确定性风险；另一方面，需要跨越不同的层级、部门、地区和领域也让医保监管变得更加复杂。马什和罗茨认为，政策网络中不存在拥有足够的领导能力以决定其他行动者的策略行动的行动者（Marsh and Rhodes，1992）。那么，政府能否通过医保监管确保社会利益关系的重新调整？我国的医保监管政策网络是否实现了党委领导、政府监管、社会监督、行业自律、个人守信相结合的全方位监管格局目标？下面将依据政策网络类型学最有影响力的"罗茨模型"，从行动者的数量类型、权力和资源分配等分类维度，对医保监管政策网络中行动者的网络地位和资源、行动者之间互动情况和各个政策子网络结构进行具体的描述性分析。

（一）政策共同体：以国家医疗保障局为主管的国家机构

作为政策网络的核心部件，从医保监管议题的决策，到医保监管体系的构建，再到医保监管政策的推进，中央政府以及相关部委作为我国医保监管的政策共同体，在医保监管的政策过程的各个阶段都发挥了主导性的作用，在整个政策网络资源中自始至终处于支配性地位（赵德余，2013）。其所具有的网络资源包括但不限于权威、合法性、组织、信息和资金等物质性的政策资源以及政策网络地位和关系模式等结构性资源（Rethemeyer and Hatmaker，2008）。这种巨大的资源优势使其拥有了正式制度和非正式结构的双重权力，正式制度权力确保其高度的垂直整合能力，非正式的结构权力赋予其在政策网络中进行水平整合的能力，并通过垂直的资源分配和水平的资源互换实现对政策结果的有效影响。具体来说，有明确的成员资格限制的医保监管政策共同体由中央人民政府的相关部委组成，包括国务院直属的国家医疗保障局、国家卫生健康委员会、国家市场监督管理总局和国家药品监督管理局、国家中医药管理局、公安部、审计署、中国银行保险监督管理委员会等国家机构。尤其是身为医保监管主要负责部门的国家医疗保障局,在整个医保监管的政策共同体中起着牵头作用,旨在确保医保资金的合理使用和安全可控,进而提升医疗资源的使用效率,提高医疗保障水平。其内设基金监管司,具体职能包括:拟定医疗保障基金监督管理办法并组织实施;建立健全医疗保障基金安全防控机制,建立健全医疗保障信用评价体系和信息披露制度;监督管理纳入医保支付范围的医疗服务行为和医疗费用,规范医保经办业务,依法查处医疗保障领域违法违规行为(马宇、黄华波,2018)。除此之外,国家医疗保障局与国家卫生健康委员会等其他国家机构,出于共同的政策目标要求,以及公共利益价值取向上的共识,在明确的制度规则下进行高质量互动,最终实现协调与联动。例如医保局和卫健委、药监局在医保、医疗、医药等方面建立政策衔接和沟通协商的机制,通过协同推进改革,更好地保障人民群众就医需求、减轻医药费用负担。作为与国家医疗保障局互动最为密切的协作部门,国家卫生健康委员会通过制定医疗机构、医疗服务行业的管理办法,建立起覆盖医保的医疗服务评价和监督管理体系,从而规范医疗机构及其医务人员医疗服务行为。国家药品监督管理局及其所属的国家市场监督管理总局通过组织制定国家药物政策和国家基本药物制度,按照职责分工负责药品流通监管、规范药品经营行为;市场监管部门负责医疗卫生行业价格监督检查,药品监管部门负责执业药师管理。审计署和银行保险监督管理委员会等国家审计部门负责加强医保基金监管相关政策措施的落实情况并跟踪审计,督促相关部门履行监管职责,各级审计机关和审计人员以国家的财经纪律、制度、政策、法令规定为标准,对医疗保险机构的财务收支及经济业务活动进行监督检查、约束控制,持续关注各类欺诈骗保问题,并及时移送相关部门查处。公安部负责依法查处打击各类欺诈骗保等犯罪行为,对移送的涉嫌犯罪案件及时开展侦查。其他有关部门按照职责做好相关工作。

总之,在党中央绝对权威的领导、指挥和协调下,国家医疗保障局等相关的国家机构形成了成员结构稳定、价值取向和政策目标一致、具有高度整合性的医保监管政策共同体,为医保监管的落实起到了关键性作用。

(二) 政府间网络:地方人民政府医疗保障行政部门和其他有关部门

政府间网络常以政府职能部门作为行动者来构造协同或垂直的关系模式,确定政策决策与实施监控中不同行动者的角色及职能边界(赵德余,2013)。由于其处于政策共同体的下位,因此具有有限的垂直依赖性,但水平协同沟通广泛。政府间网络事实上是由很多具体的子网络重叠复合而成,并渗透到其他网络中。作为医保监管政策共同体在地方层面的政策代理和执行机构,医保监管政府间网络频繁深入地和生产者网络进行互动和博弈,并对其进行监管。医保监管政策网络的政府间网络是由地方人民政府医疗保障行政部门,及与医保监管相关的职能部门等行动者构成,具体包括各省、自治区、直辖市所对应的医疗保障局、人力资源和社会保障(劳动保障)厅(局)、卫生健康委员会等。地方医保部门作为政府间网络的监管中心,在医保监管政策共同体的领导和安排下,负责医疗保险基金管理和监管工作,贯彻落实医疗保障制度的法律法规政策,建立医保基金安全防控机制,推进基金支付方式改革;地方卫生部门作为医疗服务管理部门,负责贯彻落实医疗卫生的政策规定,对当地医疗机构的医疗技术进行规范,对医疗行为进行监督。不同政府职能部门在有关政策领域的责任边界很多时候是难以清晰界定划分的,这些行动者之间存在一定的责任模糊地带,而这正是政府部门间网络关系所特别侧重与关注的地方(赵德余,2013)。又由于权威、合法性、信息等关键资源占有上的差异,医保监管政府间网络的行动者之间的互动关系具有高度复杂性。事实上,同质性差异在政策共同体中同样存在,但党中央绝对权威的统筹以及意识形态和政策价值取向的广泛共识可以使其弥合。进入政策执行阶段,执行障碍的多重性使地方执行者及其相关组织服从的激励不足,基层官僚的资源与执行任务不匹配等原因的客观存在(Brodkin,1990),使同质性差异不但不能消解,反而随着行动者数量和层级的增加而放大。在国务院完成机构改革之前,甚至在国家医疗保障局挂牌之后的一段时间里,我国多数的省、自治区、直辖市仍保留着由各级人力资源和社会保障(劳动保障)厅(局)的医保部门负责定点医药机构的行政审批,由基金监督部门负责医保基金收支的监管的格局。但实际的监管工作主要由各级医保经办机构承担,而经办机构的监管职能又主要落实在费用结算支付的审核部门。但各地医保经办机构普遍面临人力的严重不足,其内部的监管力量也十分薄弱,这就需要医保监管的政府间网络成员展开多方位的合作。但由于各部门在资源占有和利益诉求上存在明显差异,对医保监管的态度也不尽相同。在医保监管的政府间网络中,作为医保监管的负责部门,社保部门拥有实际的政策执行权责,但对医保监管的注意力分配明显不足;卫生部门拥有强大的专业知识和信息,却缺乏足够的协作激励;经办机构虽然是具体的监管实施机构,但实际上并没有行政执法权,且在专业知识上也有所欠缺。这三个主要部门之间可能的复杂资源依赖关系很容易造成医保监管政策执行中的不确定性,这一时期的医保监管政府间网络内部相关行动者之间一致性、强度和网络结构的稳定性均远远不够。医保监管的范围、方式和力度均十分有限,医保医疗费用持续表现出增长的态势。有些地方面对医保费用持续增长的压力,结合深化医改,在国家相关法律法规的框架下,率先制定出符合本地现状的医疗保险监管政策,并通过相关职能部门完成具体实施,但多是由政策窗口期成立的医疗保障基金监管工作领导小组推动,虽然显出不同机构实施功能适当归并的趋势,但整合程度仍有待提高。各地医疗保障局的成立,则是通过明确界定医保监管的责任,将原先分散在各职能部门的职能权力集中,通过提高政府间的科层一体化水平,促进医保监管政策执行过程中特定机构和大量准自主性机构参与行为之间的协调性和一致性(Sabatier,1981)。一方面利用组织资源优势建立专职的监管队伍,解决医保监管的人力不足问题,另一方面集中信息、技术和资金资源,极大提高了医保监管的实时性和覆盖范围,在事实上确保了机构之间的权力制衡,维持了医保监管政府间网络的稳定。当然为了降低相关部门之间摩擦协调的交易成本而进行的科层一体化所带来的收益和缺陷,还有待实证研究进一步分析。

(三) 专业网络:医保监管政策领域专业研究机构和专家

从政策价值取向的角度来看,专业网络代表着政策网络内部规范性主张的力量。也不是每个政策问题中都必然存在专业网络,很多时候它是以智囊团的形式被纳入政策共同体中,并没有形成明确的政策网络。专业网络的存在与否与政策问题涉及领域的专业性和对社会效用的影响程度密切相关,一般专业化程度越高,越需要专家提供知识和信息资源,影响程度或者说政策问题重要性越高,越能推动专业互动的持续,进而形成具有一定稳定程度的专业网络。由于医疗领域的高度专业性和复杂性以及医保的全民覆盖,医保监管专业网络在整个政策网络中是作为独立网络和其他网络区隔开的。医保监管专业网络是由在医保监管政策领域内具有专业知识、技能和经验的专家和研究组织构成的,广义上包括在社会保险、医疗、药物、卫生管理、会计、审计、法律等方面进行专业和政策研究的官方或非官方机构和人员。

在我国,政府机构为保障医保工作的科学性、合理性和公共性,组建了医疗保险专家库和医保基金监督专家库,在统筹不同临床专业类别和不同地区、级别、所有制医疗的基础上选择学术水平高、经验丰富的权威专家,参与医保监管政策过程的各个环节:在政策决策方面参与医保部门组织的医疗保障法律法规、政策培训、工作调研等事宜,为医保监管政策制定和调整提供专业建议和咨询支持;在政策执行方面参与医保药品目录调整的遴选测算,协助医保部门参与医保基金的监督专项检查,对定点医疗机构和定点零售药店提供的医保服务进行质量考核,对参保人员在定点医疗机构就医的诊疗方案及相关诊治行为进行审核,对具有争议的诊疗问题的科学性和合理性等提出技术性意见;在政策评估方面对医疗保险的支付方式、基金运行、基金安全、风险管控、绩效评价、信息应用等提供评估报告等。例如 2020 年 10 月,国家医保局成立了区域点数法总额预算和按病种分值付费专家库,对按病种分值付费(Diagnosis-Intervention Packet,DIP)试点工作开展培训、技术指导、监测评估等工作。不过医保监管专业网络由于外部政策环境和内部专业利益分化使其在权威和一致性上处于劣势。医保监管政策网络是由政策共同体和政府间网络起主导和推动作用,医保监管专业网络虽通过知识赋权获得了主体性,但在整个政策网络中仍处于从属地位。专业网络中行动者能参与到政策过程的何种阶段,医保专家的意见和建议能在多大程度上被决策者采纳,最终都由决策主体来决定。另外,专业网络行动者在医保监管政策过程中,出于专业判断和利益关系等原因,往往不一定能够形成统一意见,像合理治疗和检查、药品限用、物价收费等问题的标准和规范要求一直处在争执讨论中,对于医保监管制度设计和医保体制优化也存在观点差异,从某种意义上而言这也是源于专家的专业经历不同和利益关系对其的影响,很多医疗专家就是来自作为被监管对象的定点医疗机构。所以,如何削弱其他网络行动者在政策过程中对医保监管专业网络中行动者的干预,确保医保专家可以独立自主、公正公平地采取行动,对医保监管政策效果具有重要意义。

（四）生产者网络：定点医疗机构、定点零售药店和医药执业人员

由定点医疗机构、定点零售药店和医药执业人员形成的医保监管生产者网络是整个政策网络中利益博弈的焦点，而且不具有罗茨定义的生产者网络的特征。由于医保定点资格的要求，医保监管生产者网络并不是开放且边界模糊的，它有着一定的进入和退出门槛。作为被监管对象，医保监管生产者网络属于从属主体，但凭借知识、信息、人才、资金等关键性资源，在为当地人们健康水平的维持和提高做出较大贡献的同时，也形成了具有技术专业性的利益群体，和政策共同体保持紧密联系，对政策本身产生一定的影响力，尤其是定点医疗机构，在政策网络中更是表现强势。如果定点医疗机构不具有良好的自律水平，看重经济收益远大于社会责任，就很可能扭曲政策网络内部的利益循环，这也是医保监管的难点，即基于医疗领域极高的专业壁垒导致的信息不对称而产生的道德风险等机会主义行为，可以分为过度医疗和医保欺诈。

首先，关于过度医疗。本身医疗服务供给方就有可能通过利用信息优势对服务需求方进行诱导需求，在医保作为第三方加入后，服务需求方普遍降低了对医疗价格的敏感性，这样服务供给方的行为就更加不受监督，诱导需求的行为进而更容易被实施。即便医保有着强烈的监管动机，医保体系对服务供给方的行为尽可能做出了严格的限制，但监管巨大的信息和人力等成本使得医保监管政策效果大打折扣。

其次，关于医保欺诈。虽然医保患者也可能是医保欺诈的主体，但如果没有作为医保基金第一"守门人"的医药职业人员的"合作"，应该出现的是机会主义行为未遂而不是医保欺诈频发，所以归根结底，医保基金安全风险的源头在于医疗服务供给方的逐利倾向。获得经济回报是正当合理的，生产者网络内部以及和其他网络间最重要的就是行为集体行动或

表 8.1 中国医保监管政策网络的类型与特征

类型	成员资格	网络资源	结构特征	权力地位	互动关系
政策共同体	国家医保局为主的与健康相关的部门	政治权威、合法性组织、信息、资金	稳定有序，边界封闭，层级体系	权威支配、核心主体	以维护公共利益为目标，成员具有高度共识，高度的垂直整合能力，支配其他网络
政府间网络	地方政府及其医保监管行政部门，数量有限的国家机构	权威、合法性、资金，缺乏专业知识的人力资源	稳定有序，边界封闭，水平交易	政府自治、次要主体	服从于政策共同体，与生产者网络博弈，同时与专业网络互惠合作
专业网络	医保监管领域的专业研究机构和专家、专业利益冲突	具有知识信息资源，被赋予子合法性和组织资源	稳定半封闭，边界封闭，成员具有流动性	专业支配、从属主体，政府主导	提供专业支持，影响政策过程，但需受制于政策共同体和政府间网络
生产者网络	以公立定点医疗机构为代表的技术专业性利益群体	信息（专业知识和医疗行为）、合法性，组织、资金	松散半无序，边界开放，成员具有流动性	监管对象、从属主体，利益集团主导	基于信息绝对优势，对政府间网络形成限制，有可能与议题网络成员合谋
议题网络	医保患者、普通公众、医保协会、媒体等大量无限制的社会参与者	个体信息以及非正式资源	松散无序，边界开放，成员流动频繁	保障和监管对象，从属主体，权力分散不平衡	难以形成稳定的利益诉求联盟，难以影响政策过程

合作互惠,但信息不对称带来的过度利润空间完全扭曲了医、保、患三方原有的互惠关系,要么是医患合谋侵害支付方代理的集体利益,要么是医疗服务供给方利用信息不对称双重损害需求方和支付方的利益。当然从医疗服务供给方的角度来说,他们会认为体现医务人员技术和劳务价值的医疗服务价格长期低于成本,且未能随着经济社会发展的实际需要进行动态调整,所以,定点医疗机构及其医务人员在巨大的盈收利润和压力下,很容易对医保监管政策产生消极抵触的情绪,从而不利于医保监管政策在基层的落实。当然这从另一方面也在推动医保支付方式和医疗绩效激励制度的改进,反映了政策网络服务提供过程中涉及的服务性质或行动者之间的交易关系特性内在地决定了政策资源的流向和流量的大小(赵德余,2013)。

　　总之,依靠在医疗领域的专业权威、资源和地位,医保监管生产者网络在很大程度上会影响医保监管政策的有效推行和走向。

(五) 议题网络:医保患者、普通公众、媒体等社会参与的行动者

　　在所有的政策网络类型中,议题网络的成员类型最为复杂,参与人数也最多,这也注定其整合度低,结构不稳定。因为议题网络的成员根据自己的利益动机对议题的态度观点和立场可能完全不同,所以彼此间缺乏共识,且凝聚性弱,难以整合。每个主体在自愿的基础上进行非正式沟通,在政策议题上呈现出不同的价值偏好,但彼此的互动临时且波动,具有非常有限的相互依赖,并不能成为坚固的网络(Heclo, 1978)。医保监管议题网络也呈开放无序状态,成员准入不受限制,界限模糊,人数众多,所有关注医保监管政策的非正式群体和个人都可以随时加入,具体包括医保患者、普通公众、媒体和医保协会等与医保监管这一政策议题相关的利益行动者。

首先,作为医保监管最广泛的目标群体,患者是医保监管议题网络的主要构成部分,经常在观念和行为上出现分离的倾向。一方面,作为医保监管政策的支持者,尽管出于医保的保障水平低或范围有限等原因,患者可能对医保制度颇为不满,但在医保监管问题上却表现出明显的支持倾向,希望能够切实打击其他行动者骗保等机会主义行为,维护自身的利益不受侵害。但另一方面,其又可能是"医患合谋"的参与者,医保作为第三方代理的是整个参保群体的利益,而每一个参保个体追求的是个人健康收益的最大化,监管规模和专业壁垒导致的信息不对称又给了医患合谋的机会主义行为空间。所以,医保患者这一行动群体内部存在着"患寡而不患不均"的价值取向,更有甚者因担心医保监管削弱其投机空间有时也会转而对医保监管政策产生一定的抵触倾向。总之,医保患者(包括普通公众)在整个医保监管政策过程中只起到舆论压力的作用。

其次,媒体作为信息传播的主体,为政策网络中所有的行动者建立松散的联系,将医保监管的决策和政府的安排传达给整个社会,对医保政策实施的情况进行实时跟进传播,并通过公共舆论场将整个社会对于医保监管政策的看法和诉求反馈给政府。从价值倾向上看,医保监管政策惠及民生,直接关系到整个社会效用,所以不管是正面的积极报道,还是外部的舆论监督,不同的报道倾向很可能形成相应的舆论导向。媒体对政策议程设置确实能产生很大的影响,例如沈阳骗保案的舆论发酵就加速了《医疗保障基金使用监管条例》的颁布进程。[①]总之,媒体在政策网络中属于不确定的变量。

---

① 2018 年沈阳骗保案之后,国家医保局先后发布了《关于当前加强医保协议管理确保基金安全有关工作的通知》(医保办发〔2018〕21 号)以及《国家医疗保障局关于做好 2019 年医疗保障基金监管工作的通知》等文件。而国务院于 2021 年 2 月 19 日发布《医疗保障基金使用监督管理条例》,并于 2021 年 5 月 1 日起正式实施。

最后,医保协会作为独立于政府的非营利性社会组织,不仅跨行业、跨部门,紧密结合社会保障、医药卫生、法律政策等领域,积极组织开展医疗保险制度课题研究;还充分利用社会组织的平台作用,倾听和反映参保群体的呼声,把协会积极构建成医疗、医保、患者三方平等交流的平台,为医保政策的制定提供更加理性、客观、全面的社会声音。从总体上看,医保监管议题网络虽然规模庞大,但结构松散,所拥有的关键政策资源有限,主要通过舆论力量来推进医保监管政策,影响力相对其他类型政策网络较低;网络成员的互动形成的舆论观点虽然为政府决策提供民意参考,但成员本身难以参与到正式的决策议程中。而且对于医保监管,成员之间不存在必然的共识,利益也不必然统一,难以形成集体行动。

三、　医保监管政策网络结构和行为困境分析

政策网络的利益调和学派认为,政策网络结构是由国家机构和利益团体等行动者之间制度性的交易关系模式形成的,网络结构反映了行动者在网络中所处的结构位置,并对行动者之间的交易关系产生影响,是政策过程和政策结果的决定变量。而为了进一步解释和量化政策网络结构和政策产出的因果关系,一批学者开始将社会网络分析的理论框架和研究工具用于政策网络的分析和模型建构,形成了政策网络研究的新路径,即政策网络分析学派。社会网络分析的重点在于结构,所谓的结构就是社会关系方式,即从"关系"的角度研究社会现象和社会结构。结构内部的社会关系、关系内涵、关系强度等因素都会对结构本身产生影响。而社会结构既可以是行为结构,也可以是政治结构。所以,作为社会网络分析延伸的政策网络分析即对政策网络中的行动者互动进行结构性分析。研

究方法包括中心性分析、小团体分析、核心-边缘结构分析等。其中,核心-边缘结构分析是通过确定政策网络的地位进行结构性分析,主导程度高和重要性较高的一系列行动者组成的政策子网络处于掌握权力的核心地位,而主导程度高和重要性较低的一系列行动者组成的政策子网络则处于边缘位置。有学者通过运用核心-边缘结构分析确定烟草政策中作为主导者的核心网络和核心成员,以及其对边缘网络和成员的影响,进而分析政策网络结构对政策过程和结果产生的影响和作用(Read,1992)。一般来说,核心网络在与边缘网络的互动关系中处于优势地位。下面将基于核心-边缘结构分析对我国医保监管政策网络结构和政策实施困境进行解释性分析。

如图 8.1 所示,参照坐标轴处于中间的政策子网络位于核心地位,越趋向坐标轴两极分布的政策子网络就越处于边缘地位,圆圈的大小则表示参与者的数量。我国的医保监管政策网络结构的核心是由政策共同体和政府间网络构成的封闭稳定的医保监管政策联盟,这一联盟还包括医保监管专业网络中部分的行动者,即医保监管专家库。医保监管政策共同体作为政策决策的主体在网络结构中处于核心地位,医保监管政府间网络作为政策执行的主导处于次核心地位。医保监管专业网络在前两者的权力影响下与其保持着紧密的垂直依赖关系,政策共同体和政府间网络通过合法性,资金和组织资源的赋予,交换专业网络的知识、信息和人力资源,从而形成对医保监管生产者网络的权力约束和制衡。所以,医保监管专业网络虽然是从属主体,却对政策过程和结果起到了重要的作用和影响。生产者网络是由医保监管政策的主要目标群体组成的,范围从边缘到和次核心主体产生交集,本质上就是利益集团通过游说政策共同体出台有利于自己的公共政策,值得注意的是,这一交集(见图 8.1 中阴影)也属于专业网络范畴,即来自生产者网络的参与政策过程的专家,

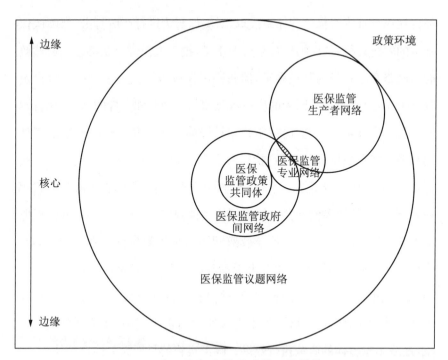

图 8.1　我国医保监管的政策网络结构图

这一行动者由于其多重身份和处于多条交易关系的交点上,会增加医、保、患三方博弈的不确定性。医保监管议题网络的参与者最多,彼此松散地处于政策网络的边缘位置,主要通过舆论向核心网络表达意愿和施加影响,但因权力和资源分散,网络结构极不稳定,对政策影响有限。总之,我国医保监管政策子网络及其内部行动者具有多元的动机和利益诉求以及差异化的资源和权力地位,互动关系时常呈现出政策取向的冲突性,以下将具体分析医保监管政策的各个子网络之间的潜在冲突关系。

(一) 医保监管政策共同体与政府间网络的政策"执行亏空"

虽然医保监管是一个跨层级、跨领域、跨地区的综合性议题,但地方层面的政府间网络和中央层面的政策共同体在政策目标上并没有分歧,都旨在通过推进医保监管体系改革,对骗保行为进行严厉打击,保障医保基金的安全运行,从而维护社会公平正义,提高人民群众获得感。虽然政府间网络存在自身的利益诉求,但我国医保统筹层次大多是市一级自负收支平衡,对于政策共同体的决策和意图都是理解和支持的,政策执行本质上是一个技术性问题,而由于技术性障碍产生的每一点小的缺陷累计起来都可能造成巨大的政策"执行亏空"(implementation deficit)。事实上,正是基于医保统筹层级不高、各地的医保待遇水平和管理服务方式存在差异等原因,政策共同体只能进行原则性规定,无法明确各地的医保监管形式,这也在一定程度上给予政府间网络在政策执行过程中很大的自主权。而政府间网络各行动者出于本部门利益,在需要协同合作时要么出现职能重叠,产生摩擦内耗,导致政策执行的交易成本高昂,要么出现责任主体缺失,履职不到位,加上考核问责要求不明确,相关部门缺乏约束,最终影响整体的政策执行效果。政策实施的科斯无关性定理认为,在不具备完美政策实施条件下,政策文本自身以及实施合约关系的初始界定很重要(赵德余,2015)。而目前关于提高医保统筹层次的呼吁也是此起彼伏,除了希望增加防范风险能力,实现医保互济均衡外,也希望能促进医保管理规范的明确性,降低医保监管的不确定性和内部交易成本。但医保基金出现赤字风险,除了管理方面的因素,很大程度上也源于人口老龄化、地区医疗消费水平高等因素。提高医保统筹层次可以很好地解决后者的问题,但并不必然意味着管理水平的提升。因为医保监管政策最终还是要由基层官僚落实,如果不能很好地激励基层,反而可能导致基层的迷失和管理效率的下降,依旧不能扭转政策"执行亏空"。

(二) 医保监管政府间网络和生产者网络的重复博弈

近年来医保监管政府间网络和生产者网络博弈的热点集中在民营定

点医疗机构和定点零售药店,之所以出现这种情况,一定程度上源于对公立定点医疗机构的监管困难重重。作为政府主办的卫生领域的事业单位,公立定点医疗机构具有合法性,还有信息、组织等资源,能确保其在市场中极其强大的垄断势力,形成代表技术专业性垄断的利益群体。而公立医院具有的营利合法性又使其具有了资金这一网络资源,相较于政府机构只是不具备政治权威。且政府机构缺乏专业知识的关键信息,例如医保监管部门由于缺乏足够的医学背景工作人员,常被医疗领域抨击为外行指导内行,在医疗行为合理性的认定上时常陷入困境。所以,在政府间网络和生产者网络的博弈中,公立定点医疗机构具有强大的谈判博弈能力进行利益诉求表达,且不被医保基金监管部门的行政约束能力和医保经办机构的市场谈判能力所制约。而作为医保监管生产者网络互动最为频繁的政府间网络中的行动者,医保监督管理所和经办机构之间又存在着边界不清、职能重叠、影响效能等一系列问题。在我国的医疗保障法尚在起草的情况下,违法、违规和违约行为的定性并不清晰,行政处罚的标准和协议处理标准不一致,行政监管和协议管理的时间处理也不同步,所以医保监督管理所和经办机构的衔接和整合存在困难,难以形成政府间网络内部的合力。另外,各地的医保监管机构普遍存在人力资源缺乏的现象,专业人员配置远远不能满足监管需求,导致监管范围和频次难以扩大。即便强调医保信息化、智能监控和大数据建设,但在核实实际情况时仍需大量的人力,像受基础数据项目和质量制约需要人工调阅纸质材料,超过警戒值的费用疑点需靠人工逐笔核实才能最终认定。

综上,种种政策执行中的技术性障碍会导致医保监管机构极大地削弱对公立定点医疗机构的监管动力,并将人力转向对民营定点医疗机构和定点零售药店的监管。可以看出,医保监管的政策执行有着非常明显的选择性特征,优先于监管难度低、成本低、风险低的对象,看似强调效率,实则不符合政策正义,因为监管政策核心价值取向就在于监管面前人人平等,这也是监管的公信力所在。由于公立定点医疗机构使用了绝大部分医保基金,这种选择性监管不仅不能实现医保监管的政策目标,反过来还弱化了医保监管政府间网络的权威。

(三)医保监管专业网络的互惠与议题网络的弱势

虽然罗茨(Rhodes,1992)将专业网络的描述为稳定、高度限制的成员资格、有限的横向关联性,但在现实中专业网络可能是拥有松散的、流动的成员,以及广泛的横向联系,而且专业网络的成员身份具有多重性,除了凭借专业资源依赖形成专业网络,也可以参与议题讨论成为议题网络的成员,还可能被政策共同体和政府间网络以决策咨询、政策评估等方式纳入网络。尤其在医保监管领域,还可能是生产者网络中的行业权威。所以,医保监管专业网络的成员成为打破政策网络边界的存在,在作为资源流动的纽带同时,其自身的动机取向显得尤为重要,重点就在于对待公立医疗机构的态度,保证发展还是加大约束,也对医保监管政策过程产生一定的影响,这也反映了随着社会问题的复杂性和不确定性增加,我国的政策共同体和政府间网络开始打破政治精英的垄断壁垒,不过在政策共同体和政府间网络的权威支配下,专业网络能够消解内部分歧,与其政策目标保持一致。

虽然少数具有专业知识资源的个体以专业网络的形式参与到政策过程中,不过绝大多数普通民众也就是议题网络的成员由于资源有限,或者只拥有个人医保信息,在政策网络结构中始终处于边缘位置,这也是议题网络的结构特征所致,成员人数众多又关系松散,凝聚力不强,个体资源不但不能整合,还很容易陷入集体行动的困境。医保监管议题网络的成员很少为集团利益而去参与到医保监管的政策过程中,既不参与社会监督,进行举报和提供线索,也可能出于个人利益和生产者网络中的医药

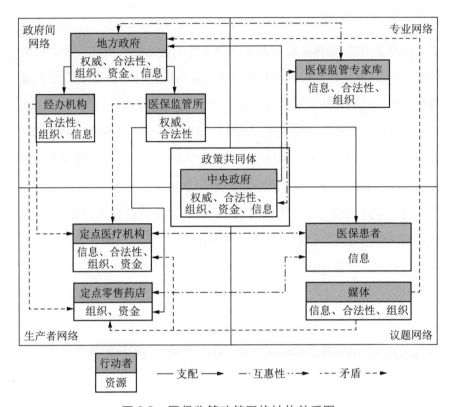

图 8.2　医保监管政策网络结构关系图

执业人员进行"医患合谋"来骗取医保基金。至于媒体,则在舆论监督政府还是市场上保持着模棱两可的态度。而医保监管政策共同体和政府间网络也主要是在热点事件爆发时回应议题网络的舆论压力,总之,医保监管议题网络虽诉求众多但无法整合,对政策过程的影响有限。

四、 结论和建议

本讲基于政策网络类型学的理论进行研究,发现医保监管政策的相关行动者基于自身的动机、所具有的资源、权力地位互动形成了五种不同类型的政策网络:以国家医疗保障局为主管的国家机构组成的政策共同体,地方人民政府医疗保障行政部门等构成的政府间网络,医保监管政策领域专业研究机构和专家构成的专业网络,定点医疗机构、定点零售药店以及医药执业人员构成的生产者网络和拥有医保患者等众多行动者的议题网络。其中政策共同体和政府间网络组成的医保监管体系在整个政策网络结构中起到主导性的作用。生产者网络虽居于从属地位,但凭借以公立定点医疗机构为首的代表技术专业性利益群体的强大博弈能力,与政府间网络形成掣肘。虽然政府间网络通过和专业网络的互惠合作弥补了专业资源的劣势,但网络内部行动者各自为政和监管人力资源的匮乏,导致医保监管政策的实施力度严重不足,选择性监管又严重削弱了医保监管政策的权威性,再加上混乱无序的议题网络,形成了医保监管政策网络高度复杂性和政策过程高度不确定性的格局。政策目标所追求的社会监督、行业自律、个人守信,每一点都存在很大距离,至于政府监管这一目标要求也没有完全达到预期。

因此,要推动我国医保监管政策有效实施,保障其顺利实施,必须进一步推动医保监管的制度改革,明确政策网络行动者之间的权力和规则边界,构建协同机制,提高管理水平。首先,在当前我国医疗保障监管法律体系尚不健全、监管人才和机构队伍仍不完备的现实局面下,在今后一段时期内,还是要将多层次法律制度与机构队伍建设放在首要位置,渐进、逐步地完善监管体系。其次,应当明确政府间网络中不同行动者的边界,发挥协同作用。一方面,处理好监管部门和业务部门的关系,明确基金监管部门与各部门职能范围内的政策实施监管的职能合理分工,做到各司其职,将医疗保障基金监管、医疗服务监管、行政监管与协议监管、内部控制等有机结合,形成合力;另一方面,处理好医保监管和卫生行政监管的关系，形成医疗保障的医疗服务、费用监管与医疗卫生业务及质量监管既各有侧重，又相互补充的格局。最后，在前两点基本实现的基础上，可以进一步探索社会诚信体系与行业自律的合适方式，创新性地发挥好社会治理监管工具的有效作用，从而构建比较完善的医保监管体系。而随着市场机制和社会机制在我国医改中发挥更大的作用，未来医疗保障监管也将在有管理的竞争大环境下开展，政府将由直接控制医疗保障市场转变为制定市场竞争规则，实现政府职能转变，也从根本上打破医疗体系的垄断，从而促进监管程序和结果公平、公正。

本讲讨论提纲

1. 如何理解政策网络类型学及其划分的依据？比较不同政策网络类型的各自特征。

2. 对医保基金监管的政策网络结构，如何选择合适的网络分析类型与之相匹配？

3. 如何描述政策网络行动者的动机、资源和行动者之间的策略互动及其交易的属性？

4. 医疗保险基金监管的政策网络结构具有何种特征？其网络行为困境的根源是什么？

5. 医疗保险基金监管的政策网络分析对于监管政策的优化可以提出何种有价值的建议？

参考文献

马宇、黄华波:《医保基金监管法制建设问题探讨》,载《收藏》2018 年 10 月。

赵德余:《重估政策执行研究:哪些联系及如何被迷失了?》,载岳经纶、朱亚鹏主编:《中国公共政策评论》(第 9 卷),格致出版社 2015 年版。

赵德余:《政策科学方法论》,上海人民出版社 2017 年版。

Brodkin E. Z., 1990. "Implementation as Policy Politics." *Implementation and the Policy Process: Opening up the Black Box*: 107—118.

Dowding K., 1995. "Model or Metaphor? A Critical Review of the Policy Network Approach." *Political Studies* 43(1):136—158.

Heclo, Hugh, and Anthony King, 1978. "Issue Networks and the Executive Establishment." *Public Administration Concepts Cases* 413:46—57.

Jordan G., Schubert K., 1992. "A Preliminary Ordering of Policy Network Labels." *European Journal of Political Research* 21(1—2):7—27.

Marsh D., Rhodes R. A. W., 1992. *Policy Networks in British Government*. Clarendon Press.

Park H. H., Rethemeyer R. K., 2014. "The Politics of Connections: Assessing the Determinants of Social Structure in Policy Networks." *Journal of Public Administration Research and Theory* 24(2):349—379.

Read M., 1992. "Policy Networks and Issue Networks: The Politics of Smoking." *Policy Networks in British Government*: 124—148.

Rethemeyer R.K., Hatmaker D.M., 2008. "Network Management Reconsidered: An Inquiry into Management of Network Structures in Public Sector Service Provision." *Journal of Public Administration Research and Theory* 18(4):617—646.

Rhodes R.A.W., 1986. *The National World of Local Government*. Allen & Unwin.

Sabatier P., Klosterman P.J., 1981. "A Comparative Analysis of Policy Implementation under Different Statutory Regimes." *Effective Policy Implementation*, ed. Daniel Mazmanian and Paul Sabatier, 127—146.

Van Waarden F., 1992. "Dimensions and Types of Policy Networks." *European Journal of Political Research* 21(1—2):29—52.

第 9 讲
社会化养老服务模式的行动者网络分析

一、引言

对养老服务模式问题,可以从人类学、社会学、社会工作等多学科进行解读,而本讲则试图从行动者网络的视角提供一个分析和观察养老服务问题的方法。不过,这里介绍的政策网络分析和社会学领域讲的社会网络分析有些不一样。社会网络分析是把很多社会网络关系中的属性当作一个定量分析的变量,即其作为研究对象的主体是否拥有一个比较好的社会关系(或被界定为社会网络资本的概念),并通过设置一些变量,反映主体有多少朋友以及其和朋友之间交互的距离或频率状况。然后,这些变量在统计分析的时候被用来测量一个人的网络关系水平。就像其所受教育水平或者说像其他影响因素一样,这些变量是对一个人的收入及社会分层等研究假说的一种检验。而政策网络分析更多的是解释政策是如何制定的,政策实施中所涉及的各种各样的行动者及其相互之间的网络结构关系如何影响该政策目标得以实现的程度。

在谈到养老问题的时候,如果撇开政策议题和政策目标的话,我们相当于在研究社会组织,或者与人类学研究的很多社会问题一样,更多地关心政策网络分析中一个小小的分支,即行动者网络。于是,只要议题中有很多行动者,那么,我们就可以研究这些行动者之间的交互作用关系(类似于人类学中的互惠性礼物概念)。可以简单给大家演示一下,行动者网络分析方法如何被运用到我们社会养老服务的分析当中。如果运用网络分析,一般情况下要考虑这几个问题:行动者网络分析方法具有什么特征? 怎么来运用该方法? 行动者网络分析方法有什么局限性,或者如何改进这种局限性? 这是我们要考虑的一些问题。直观地说,网络分析方法由哪些要素构成? 这种要素的构成对网络分析提出了什么样的要求? 网络分析方法基本上就两个要素,即"点"和"线"。"点"反映的是各种各样的行动者,而"线"反映两个行动者或行动者和行动者之间的一种作用关系,这是网络分析方法的基本要素。①

作为行动者网络的养老院的整个故事和背景在此不做讨论,这里仅仅探讨如何对一个服务组织进行行动者网络分析。如果从网络分析的视角来看,任何一个组织一定有组织外部和内部的网络结构关系。毕竟,如果行动者是一个人或在个体不能再细分的情况下,那么,该行动者就只能和外部其他的行动者发生关系。但是,如果一个行动者不是一个人,而是一个组织或机构(比如说一个政府部门、社会组织或企业),一个政府或企业组织的内部有很多的具体业务子部门或下属机构以及相应的子部门,那么,该组织内部就有很多行动者,而该组织网络关系的构建在很大程度上既要考虑到组织与外部行动者的关系,又要考虑到组织内部行动者之间的关系。如网络分析的文献或科学研究在欧洲层面上开展得最多,为

① 这一点和后面会提到因果关系模型中的"点"和"线"很不一样。有的学生学过"政策系统动力学"课程,虽然系统动力学在形态上和网络分析的结构看起来有些相像,但是"点"不是指行动者。系统动力学上的"点"是指一个因果变量中的因素或者影响因子,而点和点之间的关系反映了变量之间的一种作用力、作用方向以及作用强度,该"点"反映了系统因果关系的模拟分析模型的要素。政策网络分析中最大的特点特别是行动者网络结构的"点"只能指行动者。

什么欧洲国家用网络分析比美国用的多？主要是因为欧洲国家在欧盟层面形成了一个强大的共同市场性质的网络关系,其对于国家间的复杂网络关系及其政策含义具有更加迫切的研究需求压力。如欧盟和国际上其他国家打交道,而这些国家又是依托一个更大的组织框架(如联合国),和其他国家相互之间发生复杂的网络问题,同时,欧盟本身的制度规则客观上构成其内部每个国家行为的激励约束条件,更不要说每个国家本身也存在一个内部行动者关系网络。①所以,当具体到一个组织的时候,对任何组织进行网络建模都要考虑网络的节点以及各种各样的层级:"点"应该选在什么层面上? 选在个人的层面上还是选择在一个组织或单位的层面上? 在什么样的组织层面上进行网络分析需要认真考虑。

二、 行动者网络分析的功能与形式：以集团化公办民营养老院为例

我们以 HR 民营养老机构为例,图 9.1 画了一个很简化的模型,用 1—14 这样一组数字说明一个养老院和可能与其发生关系的行动者主体及其相应的关系类型。这里仅仅指养老院外部的行动者,可以列举很多,比如说民政局对养老院而言是业务主管。网络关系分析有一个很重要的特点,即行动者之间关系的"线"是单向的还是双向的。如果是单向的,该信息线表达的是什么? 信息线传递的既可能是诸如影响力、威权、命令、警告或谈判的态度(平等的、温和的)等信号,也可能是资源和服务提供类

---

① 欧洲国家之间或其国家内部其实是什么? 欧盟内部本身就是一个是政府间网络,而且这种网络相当于一个组织内的网络(当然是半组织的),每个国家自己也有很多政策决定权,但是,有一些政策的决定权是在欧盟内部决定的,其成员必须要服从欧盟的标准。

的信息传递。但仅从民政局的角度来说,民政局作为一个行动者,其只有箭头输出去,而没有箭头流入,这实际上假设该组关系都是一个行动者对另一个行动者的单向作用。其实只要稍稍想一想,它就是不准确的。这里的单向箭头/作用假设了研究者没考虑其他的行动者如养老院的信息对民政局的反向作用。这就相当于有一种类型的人,这类人是高度的自我中心主义,其和任何人打交道的时候几乎听不进别人的意见,永远都是别人在听他说话。就像老师在线上对同学们授课一样,这种教学方式就相当于民政局对所有的其他行动者的这种单向的关系。

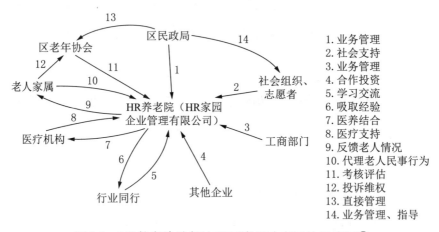

图 9.1 HR 养老院外部治理环境行动者网络示意图①

其实,HR 养老院也可以向民政部门传递信息。比如说它发出了服务的需求或者是需要民政部门为其提供资源援助的需求,或者是对其监管业务指导的一种不满的意见反馈。那么,在画该模型的时候,"线条"如果只是单箭头,则另一个"箭头"去哪里了呢? 这有两种情形:一种情形就

_____

① 本讲中涉及 HR 养老院和 JX 养老院的模型图来自匙金鹏(2017)的论文,涉及 Y 街道日间照料中心的模型来自曹穆杰(2017),这些模型多数是学生和老师在课堂上共同以小组讨论形式构建的。而有关网约护理服务的模型图 9.8 和图 9.9 为本人自制,以下不再一一注明。

是研究者不想研究这种作用关系,只关心在研究设计上这种单向的关系;而另一个作用方向的关系比如说养老院对民政部门的反馈作用,还包括社会志愿者和老年协会对民政部门有反馈作用的信息,但是研究者认为其不重要或不愿意提及就省略掉了。但是,这并不意味着该现象应该被大力支持,这是一种情形。当然,还有一种情形就是研究者忽视了,而不是有意省略这个关系,或者其可能没注意到这种关系,研究者实际上在研究的时候已经忽视了这一点,这两种情形客观上都是存在的。

当然,实际上也存在很多其他的可能性。图 9.1 是一个养老服务模型,说明了这种关系是非常复杂的,任何一个组织的外部关系都是非常复杂的,其复杂程度和每个学生一样。想一想学生和外面行动者的网络关系会有多少线条呢? 想想自己会和什么人打交道? 和老师、同学、家庭的亲戚打交道,那么,亲戚还有亲近的亲戚和远的亲戚,同学则有小学同学、中学同学、大学同学,还有研究生同学;当然,老师还有各种各样的课程或学业指导老师。除了这些之外,还有别的什么关系? 有的人在大学里还参加来自同地方的老乡会,凡是能够认识的都是朋友。其他一些通过各种方式认识的朋友,有比较亲密的朋友,如男女朋友,以及在实习单位或在外面兼职工作形成的熟人关系,实际上都是一个同学的社会关系网络的一部分。当然,可以进一步挖掘一个行动者关系网络还能包含什么样的行动对象,这意味着社会关系网络和养老机构的社会关系网络一样,也是非常丰富多样的。

构造网络关系最终的目的是什么? 既然这样的一个网络关系是很容易画的,那么每个人都能画出来,每个组织都有这样的结构性关系。要构造这个网络模型主要有几个直观的意向或者是目的,即为了一个描述性的功能,其描述了行动者和外部世界发生的关系状况。有哪些关系? 图 9.1 这个模型刻画了两种关系类型:一种是单向度的关系,一种是互惠性的关系。所谓互惠性的关系就是有双向交流的关系，比如说医疗机构和养老机构（最终所下属内设的医疗机构）之间的关系用"7"和"8"表示，"7"是养老机构给医疗机构提供医养结合的服务模式，"8"是医疗机构给养老机构提供了医疗支持，这种双向关系是描述两者之间互惠性的作用。医疗机构对养老机构提供医疗支持，这对养老机构是一个很重要的支撑，其增加了养老机构的医养结合服务的深度和强度，增加了养老院的吸引力，老年人觉得养老院养老服务使其就医更加便捷，而增加其吸引力意味着增加养老院养老服务的价值。

那么，养老机构对医疗机构有什么贡献呢？养老机构对医疗机构也一样有贡献，因为养老机构为医疗机构提供很多具有医疗服务需求的潜在客户。就"7"和"8"描述而言，其实图 9.1 并没有充分地刻画出养老机构和医疗机构之间的关系。如果用线条表达的话，每条线之间的信息尽量不要重叠。如果"8"表达的是医疗支持，即有助于强化医养结合，那么，"7"就应该是养老机构对医疗机构的患者的推荐作用，即对医疗服务的宣传和推广作用包括潜在客户的支持供应作用。实际上，这两个信息相互作用的价值如果可以反映出来，那么，其背后的行动者之间就会形成互惠性关系（为了简化，图 9.1 没有标示出互惠性关系）。养老院和其他的养老院同行或行业之间（关系"5"和"6"）有没有互惠关系？一个是学习，一个是经验交流，这也是互惠关系。它是平行的"5"和"6"，都是学习，养老机构对其同行来说也是有经验可借鉴的，同行养老机构对 HR 养老院来说是互惠的或相互借鉴的。再看"9"和"10"的关系，涉及老年人的家属和养老机构。养老机构要向家属反馈老年人在医院的健康、饮食、休息、情绪以及心理状况等每个方面的信息。老年人的家属要向养老机构提供什么样的支持呢？老年人的家属向养老机构提供的是代理或补充老年人的民事行为能力（这个说法比较抽象或者比较法律化），即老年人的家属可以给养老院提供很多信息支持,如老年人的性格、饮食偏好、休息规律以及身体的健康状况等,老年人家属提供的这些信息有助于养老机构改善其医疗服务或者照顾质量。关于其他额外服务的购买支付关系,可以看到若干互惠性的关系,包括家属、医疗机构还有养老院的同行,这三个和养老院都存在某种互惠性关系(互惠就是行动者之间双向的具有积极意义的交互作用关系)。

　　在网络分析中,相对于非常重要的第一项功能或描述性的功能而言,更深一层的功能是分析性功能。如果网络分析方法仅仅是用来描述的话,那么它的价值就太微小了,每个人都知道,我们一看到图 9.1 就会感觉到它原来这么简单,似乎每个人都不难运用网络分析方法了。在碰到每个组织研究的问题提及想构造研究假说的时候,我们都是照猫画虎般地画一个描述性的模型,即一个组织和其外部世界发生了什么样的关系。如果把这样的网络结构图画出来就意味着研究任务完成了,那么,这种描述缺乏深度或者说达不到所构造研究假说的意义,显然,描述性功能对于研究目的而言是不够的。①挖掘网络分析的分析性或解释性功能,我们能够从这个图中提炼出什么样的解释性功能呢? 如果想获得解释性功能,就要构造研究假说,可是要构造什么样的研究性假说呢? 比如说在这个模型中,就互惠型和单向度的关系而言,可以做一个很有意思的研究假说:对一个养老机构来说,如果其互惠型的关系越多,且具有互惠型关系的行动者越多,那么,养老机构的发展就会越好,或者其口碑越好、收入上升也越好,或者其入住率以及其患者(入住者)的满意度越高,这都是作为网络结果的绩效或效果。不过,有关网络的分析性功能将在后面着重讨论。

---

　　① 我们有一门专门的"政策网络分析"课程,作为一门课程来说,我们要讲的内容就非常丰富了。

养老机构发展效果的指标和其外部互惠性关系的数量有关。如果你想再增加一个深度一点的变量,如互惠性关系的质量越深越好,养老机构服务发展的质量和效果就越好,其绩效或收到的评价或者入住率和收入越高。那么,这就面临第二个问题了,怎么测量互惠性的关系?刚才所说的 5、6、7、8、9、10 这几个行动者之间存在的各种类型的互惠关系该怎么测量?测量互惠性的关系在进行行动者网络分析的时候非常重要,后面做研究的时候会使用各种各样的方法进行测量,如频率、信任、交易中的机会主义能不能得到控制?以这种依赖性或依从性等属性来加以测量是接下来需要讨论的问题。

在政策网络分析中,可以运用信息或博弈等概念来测量和刻画行动者之间的交易关系。行动者网络分析最核心的构成要素是:交易的“点”(行动者)与关系。交易是最核心的概念①,而网络分析在很大程度上依赖于对交易的界定和理解,其中,交易关系由“线条”刻画出来,真正有价值的交易关系应该是双向互惠的。在政策网络分析或者制度分析的视角里,一个人和外部世界所发生的所有的关系只有两种类型,一种是技术性的关系,除了其与物体和物质世界所发生生产性的技术性关系之外,人和人之间发生的关系都是交易性的。网络分析方法还需要一些制度理论或者契约理论的交易概念,交易的概念和信息以及博弈论都有关系,这些都是其他方法课程上给我们提供的土壤和养分。

交代了图 9.1 关于 HR 养老院和外部的关系之后,再看图 9.2 所反映的组织内部的关系。组织内部的关系往往更复杂,虽然行动者比外部的行动者少了,但内部的关系往往决定了组织的绩效或者组织行为的一个

---

① 这个交易和我们买卖上的交易不一样,仅仅是指人与人之间的那种关系状态,这种交易在经济学上专门有一个分支学科,即交易成本经济学,而交易理论、契约理论、合约理论、缔约理论等这些制度分析方法都是建立在交易的概念上的。

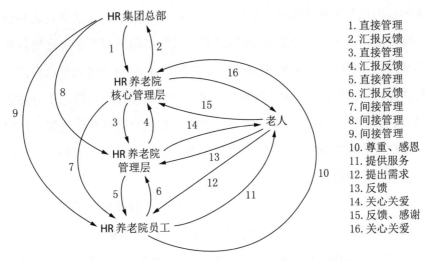

图 9.2　HR 养老院内部治理的行动者网络示意图

很重要的因素。类似于在原子和分子的层面上解释一个组织的性质,还类似于在器官层面解释一个组织的功能,甚至在心理层面上解释一个组织的行为,可见,理解组织行为有很多种视角,包括外部环境的视角或社会关系的视角,以及内部心理和内部机械生理的物理视角,等等。组织内的交易关系实际上反映出解释网络内部治理的行动者之间的关系,其内部网络对组织行为和绩效的理解与从外部关系的视角理解不一样,但是,行动者网络分析的这两个视角经常将两个子网络关系合并起来,说明一个组织行为不仅受外部网络关系的影响,而且也受到内部关系的影响。

　　这一点在国家层面上看起来非常清楚,一个国家采取的政策就像中美贸易关系一样,美国政府选择一个贸易政策不仅受到和中国博弈或双方谈判的关系的影响,还包括与欧盟和俄罗斯以及其他任何许多国家(如中东和任何一个盟友或竞争对手)之间的国际关系,这些都会影响到其对中美贸易摩擦的政策选择。但是,对于美国而言,其内部的党派斗争、内部国民的情绪或舆论的压力,甚至其内部的决策层或者政治力量斗争带来的压力也会影响到其对中美贸易政策的选择。中美贸易政策到底是由外部环境的治理网络关系决定的，还是由其内部的网络关系决定的？其实从网络分析的角度来看，这就变得非常复杂，因为每个层面的因素都在起作用，不能仅仅说是由内部塑造的意识形态、党派冲突、舆论压力决定的，而国际关系的各种各样的网络作用因素都会影响其政策决策。任何一个政策的选择及其背后产生压力的机制是在研究公共政策包括政策网络分析时特别值得关注和考虑的。

但是，下文不会系统地讨论政策网络分析，而仅仅是展现一个研究养老机构的组织网络结构关系会怎么影响到一个组织的行为选择，进而影响到组织的绩效或者发展问题。类似于以上讨论的美国贸易政策选择、养老院的行为策略选择也会受到其内部治理的行动者网络关系的影响。其内部治理的行动者网络关系有哪些行动者呢？显然，除了老年人（最重要的客户）和服务的客户，对组织科层来说，也有总部管理层、管理中层的业务骨干，还有最核心的、最底层的养老院员工或服务人员。护理人员和老年人其实就是服务的生产者或供给者和服务的需求方。服务的提供和接受方以数字"11"和"12"标识在核心的位置上（如这个关系线条的 11 和12）。数字"11"是员工提供服务，"12"是提出服务的需求和对服务做出评价，并且支付服务的费用。实际上，关于提出服务的需求，需要注意的是，老年人对养老院员工的需求信息是非常多样的。但是，在互惠性的关系中，数字"11"对整个内部网络治理结构起到了决定性的作用。因为医疗和养老服务的根本之处在于老年人对所接受的护理服务满不满意，以及老年人觉得其付出的价格或代价值不值得。可见，服务必然包含了服务的数量、质量、频次、信息、服务的环境及其对老年人的匹配性。所以，对于在什么环境空间或气氛中以何种态度和方式来提供服务，行动者网络关系只是非常简明扼要地固化出来这样的一个结构而已，并不能完全给出全部信息。

　　其他的诸如数字"1"和"2"、"3"和"4"、"5"和"6"各组关系也变得非常重要。科层组织内部的信息传递是不是自上而下从总部传递到核心层,再传到其中间的管理层,然后传递到直接管理的基层员工? 这些信息包含着监督、考核和激励(如奖金、评价、荣誉、休息、学习培训等)都是由数字"1""3""5"和"7"所代表的线条加以刻画的,其反映了组织内部的直接或间接管理。不管是间接管理还是直接管理,其体现出的一个重要含义是科层的激励和质量控制等。这会直接影响到数字"11"服务提供的好和坏,以及提供的动力、态度和积极性。类似地,数字"4"和"6"反映的是向上的反馈,即员工和中层干部向高层或核心管理层的一个负责人进行反馈,那么,这种反馈当然也可能包含着一些诉求,请求为其服务和管理提供支持等。当然,数字"13""14""15""16"也同样是一种老年人不和直接的一线护理员进行互惠的关系,而是对中层和高层的信息反馈甚至也有投诉,数字"15"则应该是投诉和感谢或者表示不满意或表达其认同,或者表示不满意或者表达其认同。数字"16"表达管理层对老年人更多的关心关爱。这是一个组织内的关系网络,用 11—16 这样的数字刻画一个描述性的关系,但是这种描述性的关系是构成研究一个议题或研究一个问题的起点,进一步的研究分析和研究假设的构造还不能从这个地方一目了然地推导出来。

三、 行动者网络分析的功能与形式: 以私人化民办民营养老院为例

　　与上文介绍的公办民营养老机构不同,下面这个案例是私人化民办民营养老院。民办民营养老机构与之前部分重复的信息这里不再赘述,

仅仅是直观地参考图 9.3 所示的模型。从该网络结构中可以看出,该网络模型列举了养老院的外部社会关系主体,有工商管理局、民政局、家属和志愿者、社会组织以及其他养老机构和医疗机构、消防机构、知识产权局(因为可能有类似研发专利申请产品),等等。可以看出,在养老院的外部关系中,该模型画出来的互惠性关系其实不多。例如,这里就列举了老人的家属与志愿者和社会组织其实也包含了互惠关系,还有民政部门也有互惠关系在里面。这些关系的结构和上文介绍的公办养老机构的关系结构其实大同小异。如果说有区别,这线条上包含的内容是不一样的,就是在做访谈的时候所获得的信息是不一样的,要把每一条线的信息通过这些访谈材料和前面公立的进行对比,而且这种做法也能够观察、洞察行动者在行为方式或互惠关系方面所存在的差异。

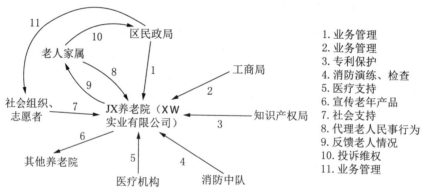

1. 业务管理
2. 业务管理
3. 专利保护
4. 消防演练、检查
5. 医疗支持
6. 宣传老年产品
7. 社会支持
8. 代理老人民事行为
9. 反馈老人情况
10. 投诉维权
11. 业务管理

图 9.3　JX 养老院外部治理环境行动者网络示意图

再看图 9.4 所示该养老院内部的权力结构或内部治理结构,其和上文剖析的公办民营养老机构的内部治理也大同小异。不过,其更核心的管理层或者核心的领导者是院长,而无须一个更高层的集团领导。关于行动者,除了院长,还有养老院的员工、作为服务对象的老年人,以及机构的中间管理层,当然,这里增加了一个研发团队,因为该机构多了一个专利产品,这说明私立民营养老机构实际上还是比较注重研发和服务质量改进的。那么,其互惠性的关系通过这种双箭头的,即一个箭头去、一个箭头回的点状结构就一目了然了,几乎可以看出,其组织内各个行动者之间基本上都是互惠的。管理层和院长、研发团队和院长少掉一个互惠,也完全可以增加进去。研发团队当然也会影响院长,可见,管理层和院长之间不仅仅是一个单向的领导的命令被执行的关系,也有一个建议和反馈的关系。所以,如果严格来讲的话,其内部完全是一个非常丰富的互惠性关系。

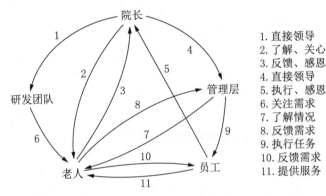

图9.4 JX养老院内部治理环境行动者网络示意图

但是,从描述性上来说,不同的养老院之间仍然是能看出微妙差别的。如果将该图假设或看成公立的养老机构,就数字"1"和"4"而言,如果通过大量的访谈或实践材料,可以发现养老院的院长很独断或很有威权,或者很不愿意听从下属和员工的意见(无论老年人也好,管理层也好,研发人员也好,他很不愿意听取别人的意见)。那么,显然,其网络关系会以院长为主或中心,比较粗的"线条"的特点是单向的且发散出去了。但是,如果要观察的是类似 HLD 养老院,其院长经常在养老院里面与中层管理者和家属,甚至和老年人一起吃午饭,每个月都来和他们一起吃午饭甚至一起搞活动,院长和其管理团队、员工以及服务对象几乎成为很好的朋友。那么,此种情形下就不能用单向的线,而只能用双向路线刻画这些行动者之间的关系,毕竟该院长已不仅仅是一个信息、命令和资源的发出和发送者,他还是很多意见建议的代收者和接受者。于是,使用双向箭头的互惠性关系来刻画院长及其相关行动者之间关系就比使用单箭头更准确。即使对于同样的一个养老机构,无论是单向的还是双向的互惠关系,其互惠的程度也是有差异的。在这种情况下,使用描述性的网络关系模型仍然是有价值的。仅仅从描述性来说,行动者网络对研究来说是有价值的,当然,其价值的发现取决于我们能否对作为"线"或关系的分析维度(即属性)做出准确的定义和清楚的刻画。

对初学者而言,很多论文构建的初步的网络模型能帮助设计研究问卷和访谈提纲,甚至会引导研究量表的设计和数据收集、访谈材料整理乃至研究假说的检验等,行动者网络模型都发挥了较大作用。当然,在很多养老院的质性研究基础上,该养老服务的治理模式可以通过一个假设的对比性表格(例如将上文介绍的两种不同类型的养老机构的内部外部治理的网络关系进行对比)来加深理解。该对比结构其实是相对简单的,如果真正做网络结构对比的话,其比较的维度有很多,比如网络的规模、数量、结构以及其可移植性、扁平性,甚至互惠性(包括一些因素是开放的还是封闭的),等等。很多网络关系是通过这些描述性对比方式识别和找出不同政策的案例差异的,包括网络结构、网络构效果以及网络结构属性上面的差异。

四、 如何改进行动者网络分析的微观行为解释逻辑基础?

如何运用行动者网络分析来描述所研究的对象和刻画研究的范围,

提炼要研究的问题和假说,以上的讨论已经基本上明确了网络分析方法的基本功能。现在稍稍把难度提高一点。要改进行动者网络分析的一些逻辑基础或者微观行为解释能力,就需要增加一些研究分析的深度,增加研究分析的一些理论或方法技术上的要求。[①]为此,大体上有三个可以努力的方向。一是在分析网络行为关系或作为交易关系的"线"上再花力气。分析的维度和深度的拓展有时候必须要使用一些制度"切片"式的方法,比如信息不对称和博弈分析、交易费用方法或合约分析方法等。这类制度主义研究的文章很多,而且由此产生的诺贝尔经济学奖获得者也有好多人。其中,制度主义就有威廉姆森和奥斯特罗姆,其代表性著作如《治理机制》《市场与科层》以及《公共事务治理之道》等,研究方法基本上都是研究这些组织和组织之间或"点"和"点"之间的关系。应该说,这类制度主义方法为政策网络分析提供了很多的理论要素和启发的源泉。

　　类似的还有香港大学经济学家张五常所做的契约分析,他的博士论文《佃农理论》在芝加哥大学出版社出版,就是关于地主和农民之间的合约关系研究,即在地主和农民的关系分析上演绎和发展了一般的契约理论。契约理论后来被运用到金融合约分析,这与张五常的早期契约方法的贡献相关。张五常比较了三种合约模式,即地主和农民的三种关系,第一种是其最为关注的分成合约,农民帮地主干活并约定产量五五分成(或者其他分成比例)。第二种是工资合约,就像在工厂打工一样,农民帮地主干活或生产的粮食主要归地主所有,而地主按照工作时间给农民发放类似工资一样的固定报酬。当然,也可以用粮食替代银子或货币支付工

---

　　①　这时候做起来就越来越有学术性了,初学者想发表好的文章,仅仅描述性的分析肯定是不够的。关键是如何来改进网络研究或者是网络分析的深度及其技术性。

资。另外第三种是租赁合约。①关于这三种合约,存在一个一般性的问题,即没有能力的农民最适合和什么类型的地主打交道? 没能力的地主最适合和什么类型的农民打交道? 一般而言,最有能力的农民会倾向于将最缺乏能力的地主的土地租下来即采纳租赁合约。②

关于这三种合约,到底哪一种合约的交易关系更稳定或更有效呢? 张五常出乎意料地证明了这三种合约都是有效的。古典政治经济学家李嘉图一直认为分成合约是最没有效率的,但是,张五常通过民国以前的地主和农民的租赁契约的相关档案资料证明了这三种合约都是有效的,不过,其合约效率是因时、因地、因品种以及因地主和农民之间是什么关系而决定的。这种合约一旦形成一般的或普通的网络关系分析的某个片段,那么,其分析性价值就很大。类似地,观察今天的各种金融产品(如各种期权金融合约)所隐含的非常复杂的交易关系,其都是由这三种合约关系延伸出来的,本质都是关于风险分担的不同机制。可见,第一种网络分析扩展的维度和空间乃至于刚才所说的信息风险分担和交易费用的节约等,都可以改进人和人之间、行动者和行动者之间的交易关系乃至信任关系和交易效率。

第一种制度分析范式或制度主义的网络分析方法很大程度上得益于

① 对租赁合约而言,假设地主类似于农民的二代地主,他已经不会种田了,那么也同样缺乏管理和控制农民努力生产的能力。如此情形下工资合约肯定缺乏效率,毕竟拿固定工资的农民干活就不会认真了,他会偷懒。反正每个月地主给农民的工资 800 块或者是 500 块,哪怕自然灾害,如洪水淹死了水稻,稻谷减产也没关系。只要农民的工资是有保障的,这个时候的农民通常会偷懒,不认真干活了。可见,地主就需要非常有能力才能够驾驭这些农民,如果没有能力却采纳工资合约,那地主就容易吃亏。

② 平时每亩产量如果分成的话,假设没能力的地主就能赚到五六百斤稻谷,那么,这一亩地五六百斤稻谷收益作为租金如果被固定下来,最有能力的农民就有动力把地主土地承包下来,而剩余的粮食产量都归农民了,这就是类似于家庭承包制一样的租赁合约形式。于是,该合约下的农户就会拼命地经营土地,让其产量达到 800 斤或 1 000 斤甚至 1 200 斤稻谷(这里的土地粮食产量是参照当下的生产率,而事实上一个世纪之前中国农村的土地产出率是很低的),而扣除了给地主的 500 斤,显然农户会赚更多的剩余收入。

经济学家所做出的贡献。这方面的文献非常多,本讲不打算讨论非常复杂的内容,所以此处就不再具体讨论了。只需明白一点,即行动者网络分析如果要在制度分析这条路线上走下去,只要掌握足够的文献和方法,就可以做非常深入的研究,经济学上的制度主义文献是学习的基础。

接下来主要是从第二个维度讨论网络行为关系,通过一次简单的因果逻辑或者因果循环反馈关系的构建,可以增强网络分析方法的解释力或其假说构造的学术性和说服力。网络行为关系的定性和定量测量的检验,包括社会学和人类学所做的很多工作都在这方面做出了很多贡献。人类学家的很多研究虽然有的时候可能没有用网络的概念,但他们的田野研究涉及很多行为关系描述包含了人和人之间的某种交易的策略、禁忌或行为偏好,这无疑都是对特定社区的行动者间网络关系分析的一种定性的观察和测量。我觉得这些人类学家包括费孝通的"江村经济"或《乡土中国》中所描述的中国村落里面的熟人社会,人和人之间的很多关系实际上也是带有对于网络行为关系中的异曲同工的一种表达。

但是,一些社会学家开展的相关定量研究,比如网络关系或者社会资本对社会治理的影响程度,其试图发现的相关关系本质上也类似于人类学家描述的行动者和行动者之间的礼物或交换关系。特别是流动人口在一个城市内部相互之间关系,如朋友或亲戚数量以及来往的频率次数等,被用来测量社会网络关系。当然,居住点和工作点的距离或者空间以及利用商业娱乐的空间距离也能够反映出一定的网络关系,并且可以用定量的方式测量出来。这与人类学的定性经验共同构成了网络行为关系的检验方法的来源。如果既有网络分析的方法和视野,又有人类学的田野素材或社会学家的一些统计定量分析技术手段(量表的测量技术),那么,就能够对各种描述性的以及分析性的网络模型进行更好的检验和测量验证,从而提高研究的学术性以及和已有的研究进行对话的能力。

关于涉及网络分析拓展的路径和空间的两个维度,就解释到这里,现在重点回到另外一个新的维度,即互惠性。就网络行为关系互惠性的重要性而言,只要存在互惠性的这种网络关系,就可以获取所谓的系统动力学或者因果循环方法来对其加以解释。再看下面一个案例,把这几个可能的关系的一个初步的描述性模型如图 9.5 所示给大家展示出来。①可以看日间照料中心、Y 街道和"好帮手"之间的三个关系,它们之间是水平的外部关系。日间照料中心需要街道提供场地,那么其要满足街道提出的本区域的养老需求,缓解养老的矛盾。"好帮手"主要是给日间照料中心提供一些行政的日间管理服务,日间照料中心会向其反馈服务的情况,街道会扶持它,如资金与政策扶持,"好帮手"向街道反馈自身的运行情况,这是外部的三个行动者之间的互惠型关系。如果是互惠型的关系,每个互惠性的关系就可以通过系统动力学把其改造成下面的系统动力学的因果循环关系。

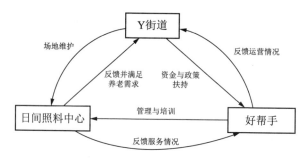

图 9.5　Y 街道日间照料中心的行动者及互动关系

图 9.6 系统动力学的模型是针对上面的一个个互惠性关系来进行改造的,如此改造有什么好处? 像上面网络的互惠关系一样,其微观机制或

①　关于详细的关系,可以查阅相关论文,以前在《复旦发展政策评论》里也都收集过相关的成果。

因果逻辑关系是什么？为什么会越来越好或者越来越差？图 9.6 所示系统动力模型提供了一种更细致的解释。比如从街道的支持开始，也就是从 R₁ 开始，R₁ 的效应是街道的支持效应，街道支持密度越高，长者照顾之家对街道的信任度越高，给的资金场地越多，当然信任度就越高。同样，和街道互动的频次或深度越大，街道对长者照护之家的了解和互动频率也越高，而更了解之后，街道的重视程度就高，重视程度越高，那么其支持力度越大。但是，它把长者照顾之家和街道之间的关系分解了，街道对长者照顾之家的一个箭头就变成了好几个变量（这个箭头的信息具体化了），如变成了信任、互动的频率、互动的质量、深度，而这些信息反映出来的启发就是在做访谈的时候要把它们变成一个个更具体的问题。

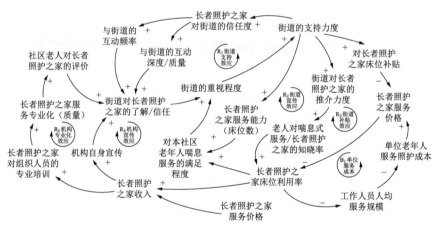

图 9.6　Y 街道日间照料中心运转的系统动力学模型

设计访谈问题的时候，一般需要根据研究设计的网络模型挖掘其背后的关系逻辑。有几个行动者就要设计针对几个行动者的问题大纲，有 10 个行动者就要分别设计 10 个行动者的访谈大纲。那么，针对每个行动者的访谈问题怎么设计？就根据行动者和行动者之间这种关系的维度

(如频率、质量度、深度、重视信任等)这些角度来设计。再看 R_2,除了信任度之外,街道给长者照护之家提供的支持力度越大,照顾之家服务的床位数量越多,服务床位数量越多则其服务能力越强,其可以给社区老年人的满足程度就越高,于是,社区养老矛盾的严重性就得到了缓解,而街道的政绩和成就感就越强。街道还有一个宣传效应,即其重视程度在右边,还有街道推荐长者照顾之家,主动帮其进行宣传,从而老年人对长者照顾之家喘息式服务的机构知晓率提高。当然,知晓率越高,长者照护之家的床位利用率或者入住率就会越高,而利用率越高,其对社区的养老资源配置匹配性或履行得就越好,这是 R_2 的宣传效应。

类似地,还有一个 R_3 补贴效应包含的是什么含义呢?对长者照顾之家床位的补贴和岗位补贴会促使其服务价格更便宜一点,而价格便宜了,更多的人就会来利用。每个循环都是街道对长者照顾之家支持的这一条线衍生出来的。图 9.5 勾画的网络结构图的一条线在图 9.6 的因果系统模型中就变成多条循环反馈机制线了。在 R_1、R_2、R_3、R_4 这个地方,实际上只画出了 R_3,其实严格地说应该是 R_4,它从街道支持的地方分离出几条线了,分离出四条线就等于四个循环反馈机制。这四个循环都是良性的正向循环,正向循环积累越多,其信心就越足,基于互惠关系的信任感就越好,或相互依赖性和伙伴关系就越强。于是,通过系统动力学方法能够强化我们对互惠性关系的理解。其他还有一些循环反馈模型就不再细说了,其中,B 循环是一种负循环,R 循环是正向循环或强化循环。B循环是一个导致对其不利的循环反馈机制,不利的循环越多,则系统的互惠关系乃至信任关系就越差。到底长者照顾之家和街道之间关系是正循环占主导还是负循环占主导?这就要依赖于现在的四个 R——R_1、R_2、R_3、R_4 和 B_1、B_2(其实,不光 R_4,如果考虑还有 R_5,则有五个正循环),但只有一个或两个负循环。如果这五个 R 正循环的力量都低于负循环的作用,那么,该系统的信任关系还是不够强。大家越是不愿意利用,其社会满意度越差,政府重视程度就越不高,而床位老是空的,最终居民反馈也是差的。[①]当然,对一个影子变量而言,价格越高,那么,长者照顾之家的收入就越高,而收入越高,其自身宣传能力就越强,组织的能力培训投入越高,其服务的质量就会越高,而质量越高,则老年人对其评价就越高,从而其信任感也越强,如 R_4、R_5。

在构造的模型中,系统等于把一个网络的互惠性关系转换成一个带有多个正循环和负循环的政策因果逻辑系统,但是该政策系统中哪个子循环反馈机制起主导作用,这是建立政策研究假说的一个重要的思想来源。比如对于一个长者照顾之家来说,街道还有很多种支持方式。可以提出一个研究,比如说从政府或公共政策的角度来说,哪一种干预性支持更有效? 这几种支持方式的效果差异有什么差别? 这就是研究的一个假说。或者说有一些干预支持或许都有正效应和负效应? 那么,负效应是什么? 在负效应和正效应对比中,哪个效应更大? 也就是类似于所谓的挤出效应或产出效应,即是不是有竞争性效应或不利的效应? 怎么能够使正效应变得越来越大,负效应变得越来越小? 做不同的案例对比的时候,就会发现比如政府和街道和服务机构之间相互不信任,为什么会产生不信任? 如果不信任,模型是否还会这样运行? 模型中一些地方也需要调整和改变,确实如果互动频率很低,或信任度很低,相互不了解,街道对养老机构不了解和不重视,而养老机构对街道没信心,那么,双方的矛盾积怨也会变深。

---

① 我们具体看负循环的含义,如果长者照顾之家的服务价格越高,它的利用率就越低,工作人员的服务规模就比较低,单位老年人的服务成本就比较高。成本低有助于降低价格,如果工作人员人均的服务规模越低,那么单位老年人服务的照护成本就越高。人均服务的规模加大,单位的成本才会降下来,因为规模经济。如果人均服务规模越低,那么成本越高,成本越高,价格就越高,价格越高,它利用率就越差,就是负循环了。

同样的一个系统模型也可以解释不同的案例。如图9.7中的横向网络是关于日间照料中心及其合作组织之间关系的。与其合作的组织有居委会、社区卫生服务中心、助餐点合作和志愿者，各方之间存在诸多方面的合作。日间照料中心和居委会之间也是互惠关系，类似于刚才所说的和街道政府的关系，以及与助餐点、志愿者、社区卫生服务中心，都可以画成互惠的关系，这种互惠关系可以转化成刚才类似的系统动力学的微观行为模式或逻辑关系模式。

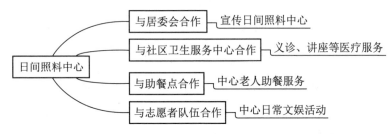

图9.7 强横向网络结构：日间照料中心与合作组织

以此类推，以上各种互惠性关系可以转换为什么样的正循环和负循环反馈机制呢？日间照料中心对老年人具有吸引力，乃至于老年人口口相传，则他们对日间照料中心的满意度越高，其宣传力度就越强，对居民的吸引力乃至入住率越高；入住率越高，则日间照料中心的收入以及员工的津贴也越高，从而其员工的工作激励越强，相应地其服务质量也越好，最终老年人的满意度越高，就回到了逻辑的起点，从而形成一个因果循环反馈机制 R_3。可见，该服务的激励效应实际上是一个正效应。①激励越强则服务的质量就越高，而质量越高居委会对其口碑也好，于是，居委会对

---

① 工作人员的激励来自两方面，一方面来自他们的收入，一方面来自服务对象对他们的认同感。老年人对他服务的认同感就是一个心理、精神上的激励，是一个非货币的激励机制。收入津贴增加是一个货币激励，但是一般情况下每个人都认可这两种激励，即社会参与获得的成就感这两方面，多数人均受货币和非货币两方面的激励。

日间照料中心信任感也高，老年人口口宣传的效应包括居委会帮助宣传，使居民觉得自己社区的日间照料中心很好，大家都很喜欢。那么，居委会在宣传的时候，其工作人员因为每天和老百姓打交道，其宣传就形成了一个非常简易的因果循环反馈模式。这种循环机制有助于理解日间照料中心和老年人之间的互惠性关系及其微观机理所在。因果逻辑关系的机理在什么地方？这实际上正是我们所强调的第三个维度，即怎么提升和改进行动者网络分析的质量或其理论解释力。

　　就研究的分析性或解释性角度而言，假设网络中的线条或任何一个行动者和行动者之间存在互惠性关系，则可以把互惠性关系分拆成或者转换成一个具有多个因果循环反馈关系的逻辑系统，并以系统动力学的方法加以解释，这在技术上是可行的。当然，系统动力学模型还有很多其他的功能，包括模拟和实验仿真等。如果拿出相关数据和参数，专业的软件就可以生成模拟效果的情景分析图，这对测量和比较不同干预效果是有参考价值的。可见，只要有足够多的样本（包括以量表测量之后），很多参数是可以获得的，那么系统动力模型就可以运作起来。比如日间照料中心（也可简称为"日照中心"）的老年人数量、员工的收入流、入住率等指标是可以统计出来的。对于工作的激励和质量、满意度等指标测量，如果有 100 个人的样本调查，通过设计量表，比如"你觉得日照中心的吸引力是多少"，数值为 0—5，假设数字越大则吸引力越强，那么，就可以比较不同机构对老年人的吸引力。再如关于老年人的宣传情况，设计问题如"老年人在过去一个月有没有向别人宣传过或推荐过日照中心"，选择推荐过的频率次数越多，那说明宣传力度越强。当然，这些都是通过访谈可以获得的信息，也可以通过问卷量表的方式获得信息。这些信息的获得为系统动力学模型赋予了参数，而参数输入进去以后，就可以用软件将干预变量的效果模拟出来，而模拟的目的就是让管理者或政策决策者观察到并

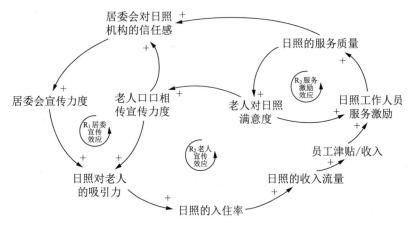

图 9.8   口口相传的良性互动:日间照料中心与老人

思考:在哪里干预以及如何调整或改进日照中心和老年人的互惠性关系,能达到改善行动者之间的关系以及日照中心组织运行和发展的目标。

五、 网约护理服务模式

我们简单聊一下最后一个案例。在新冠疫情发生之前,即 2020 年以前,国家卫建委就在全国 6 个省市进行了网约护理服务试点。

网约护理的服务模式如何通过互联网或线上实现? 比如一个老年人生活在社区中,其居住楼栋没有电梯。对于一些有护理服务需求的腿脚不便者或行动障碍者,其直接去社区卫生服务中心或者是社区医院,显然非常不便,这类需求肯定存在。如果老年人能通过微信、电话或者互联网的方式,进行预约,让护士上门给老年人提供护理照顾服务,这无疑非常便捷。那么,很多人在居家情况下就可以直接享受社会服务组织或家庭医生的服务,或者说社区护士的上门护理服务,这实际上是非常有意义的事情。社会对此的需求也是很大的，特别在新冠疫情发生之后，为避免患者或者居民大量地集聚在社区医院，预防交叉感染的风险，这个时候更应该拓展护士上门服务、网约护理服务。

　　关于这种网约护理服务，如果想在脑海中构造网络，如图 9.8 所示，聚焦的主体就有老年人、护理员，还有社区卫生服务中心。不是所有人打电话都能够给其提供上门护理服务的，上门护理之前要对其进行资格审查。如果要签订上门网约护理服务的契约，你首先要到社区医院做诊断，在申请和诊断之后，家庭医生给你开处方，评估你是否确实需要网约护理服务，以确保你的确满足网约护理服务条件。如果你能够走动、很健康，就没有必要给你提供网约护理的服务。在这个时候，资格的审查是在社区卫生服务家庭医生那里，于是，行动者就又多了一个。

　　如何在全区层面协调网约护理服务的需求和供给匹配呢？这应该要有一个在整个区层面组织的角色。比如说我们在上海市长宁区做的实

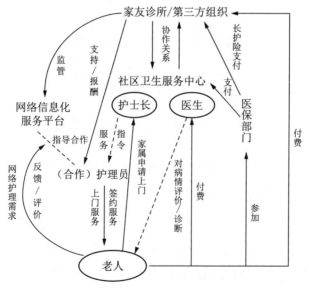

图 9.9　网约护理服务的行动者网络模式

验，一个区有 10 家社区卫生服务中心，面对 10 家社区机构，你电话打给谁呢？也许打给一个专业的网约护理服务第三方平台，由其接收到你的需求指令，然后根据你居住的位置搜寻最接近的社区卫生服务中心或者网约护理护士的分配站点。随后，第三方平台就把客户的需求指令指派到社区卫生服务中心或者网约护理服务站点，由站点安排护理员到有需求的家庭去提供网约护理服务。可见，图 9.8 的模式中又多出了一个行动者，就是第三方组织平台统一协调。当然，其背后还有一个信息化的服务平台，可以想一下网约护理服务类似于滴滴打车。

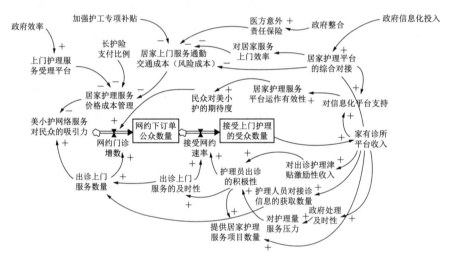

图 9.10　网约护理服务的系统动力学模型

在使用网约护理服务的时候，它还面临着付费问题。一部分费用付给社区卫生服务中心，一部分付给护理员，还有一部分费用是归第三方，就是统筹指挥的机构。那么，该费用怎么来付？还有部分费用是不是由医保来出？笔者刚刚画了网约护理服务涉及的行动者网络的逻辑图，就包含了这几个主体，如护理员、老年人、护理站、社区卫生服务中心、第三方组织、医保，还有背后的信息化服务平台，这就有 7 个行动主体了。我们要把这 7 个行动主体的网络关系模式构造出来,然后来分析网约护理服务政策或者服务模式能不能有效运行。需要对试验的网络模型不断地改造,以找出模型当中的风险点在哪些地方,哪些点上的互惠关系没打通,哪些地方交易关系出现了障碍,如交易费用高,或者是有风险、质量纠纷、责任事故,还有各种各样的缘故,包括护理员收入不足、激励不足等问题。如果护理人员上一次门的收入可能还不如其在社区卫生服务中心作为一个社区护士的收入高,那么,那些人就都不愿意接单。

这就说明一个网络系统要能够有效运行,必须把微观的逻辑关系梳理清楚。我们介绍如图 9.9 所示的模型用了系统动力学的因果循环机制,其中将近 10 个因果循环系统证明了怎样有效地强化正向循环发挥的作用,才能够确保网约护理服务政策能够实现其目标。更加有效地发挥其效能,将使得越来越多的人能够使用、享受并满意网约护理服务,让服务者和客户满意、组织第三方运转的平台也能够有收入,那么,一个整个社会所有相关行动者共赢的合作博弈的均衡结果就会出现。如果实现了这一点,政策预期效果就会实现。

六、 结论与讨论

通过将网络分析运用于养老服务领域,可以提供新的理解分析社会养老服务的视角和实践方法。网络分析方法是一个很朴素的方法,直观而言,其功能就像绘画一样,把所有的东西都用 1、2、3、4、5、6、7、8、9、10 这种线条,把行动者之间的关系构造出来。它很重要的价值就在于帮助我们判断一个行动者或者研究对象所处的外部和内部的关系网络的权限,能够帮助我们直观地进行梳理判断:哪些关系对一个行动者至关重要？哪些关系决定行动者的行为激励及其效率或效果？这样的分析对我们每个人同样是非常重要的。也就是说，在读书学习或者人生当中，你觉得哪些关系对自己最重要？师生关系、父母关系、朋友关系、同事关系、舍友关系，是不是每个人都会面临这样的问题？这个问题是最朴素的问题。什么样的关系或哪些关系最重要？为什么最重要？哪些关系是成功的，使得大家实现了互惠信任，如终身的朋友、伙伴一样？哪些关系是失败的或总是打击你？哪些关系是矛盾的、消耗性的、相互抵触的、对抗的、相互忌讳的或忌惮的？这些关系构成了我们人类学和社会学以及政策科学共同的研究对象，也构成了我们一切的社会科学研究的对象。一切的社会科学都是研究人的行为或人和人之间的关系的科学。经济学最早是研究经济学的资源配置，后来发现不对，现代经济学是研究人的行为与选择关系的学问。早期的新古典价格理论说资源配置还是不对的，我们社会工作、人类学、社会学和公共政策更是离不开对人的研究，离开了人的行为的观察、人的选择、人和人之间的关系，你研究的科学是索然无味的、毫无吸引力的。没有了人的科学不能称为社会科学。

在这点上，本讲就是给大家展现一下网络方法，它无疑有助于我们更深刻地理解一个行动者的行为特征、所处的环境如何影响其他的行动者，或其他的行动者如何影响他，以及他们共同构造了塑造他所生活的环境。前文所说的网络分析是由三个部件构成的：一个是作为行动者的"点"；一个是交易，也就是"线条"；还有一个很重要的部件，是它的交易的特征或者是网络的形态。

第一，要理解"点"。"点"所代表的是行动者自身的特性。比如说我们研究服务的组织者，或者是研究服务的需求者/需求方，你只要了解这个需求方，了解他的个性偏好，就可以输入他的性别、年龄，对行动者的特征进行刻画；如果是组织的话，就能刻画组织特征。但是相对而言，对于一个服务型的组织，那些作为服务提供者的行动者最重要的几个特点还在于行动者自身的个性特征，如身份的性质、服务的对象、服务规模。而行为的特征主要是侧重于服务规模、质量、服务内容等方面，但是，这一点跟下面的是有一点冲突的。

第二点是交易，就是前文所说的线的关系，线的关系是至关重要的。网络关系基础的单元是线，或服务的多维线。所谓的属性多维度或服务的多维度是在我们讲博弈论时变得非常重要的策略性和机会主义，如交易的频率、依赖性、敲诈等。当然在这个地方，我们简单直观地描述服务内容、价格资金的来源、资源、自身的满意度，包括信任，这都反映了双方交易关系的结果。

第三点是反映网络整体的结构性的形态，及行动者关系网络的结构性形态特征。形态特征网络结构是什么样的关系，这往往反映了这种网络是扁平型的、多中心的、多元治理的治理模式，它带有网络性色彩，是双中心的、单中心的、垂直的、散状型的，就是说网络结构当中有各种各样的形态。网络的、物理上的、观察上的这种形态结构，如何影响到它的网络政策或者组织的发展，甚至是政策的运行实施的状况，这是一个大问题。所以，笔者认为，在形态选择方面，实际上很大程度上在进行政策网络分析的时候做得更多。在更大的复杂的政策系统当中，形态学就变得更重要了。这时候就能看得出来各种各样的很复杂的网络结构，就像我们系统中运行的形状和结构一样，因为有时候它涉及的网络模型中行动者数量是如此之多，线条数量是如此之多。这样的大型网络研究就是复杂系统的研究，我们一般人是做不到的。但比较大的项目合作研究，涉及许多人参与的大型的研究项目的确是像这些网络的结构性的形态特征，会影响到政策的运行效果。

本讲讨论提纲

1. 行动者网络分析具有何种特征？

2. 结合社会化养老服务提供的行动者网络模型，讨论行动者网络分析的功能和形式。

3. 如何改进行动者网络分析的微观行为解释的逻辑基础？如何对行动者网络分析进行系统动力学逻辑模型的转换或建构？

4. 如何理解行动者网络模型的理论假说特性？如何对行动者网络模型进行实证检验？

5. 行动者网络分析具有何种局限性？

参考文献

Granovetter, M., 1983. "The Strength of Weak Ties: A Network Theory Revisited." *Sociological Theory*: 201—233.

Manning, N., 2002. "Actor Networks, Policy Networks and Personality Disorder." *Sociology of Health & Illness*, 24(5):644—666.

第 10 讲　政策网络分析：讨论与展望

一、引言

　　我们将在本书的最后一讲讨论一些关于政策网络研究方法论的文献,其中,有关政策网络方法的争论主要来自唐宁对马什和史密斯的文章提出的批评,而因为唐宁的这些批评,后面很多学者也加入进来了,比如拉布、乔丹等人,之后马什和史密斯又做了回应,这构成了我们讨论政策网络分析方法的原始素材。整个学术争论发生在 2000 年到 2001 年左右,相关政策网络方法论类的文章绝大部分也发表在这段时间。当然,笔者在美国做访问学者是 2010 年左右,当时,我阅读到政策网络方法争论的文献看起来还是比较新的,在 2003 年和 2004 年的时候还有一些学者在考虑和讨论这些方法论上的争论。方法论上的争论给我们腾出了一些空间来思考:作为一种方法,政策网络分析方法到底有什么理论价值? 政策网络分析有什么特点? 我们应该怎样使用政策网络的分析方法? 在使用的过程当中有什么需要注意的东西? 这也是我们在自编的多期《政策工坊》中试图对政策网络分析做的一个整体的梳理和总结。

　　关于政策网络分析,我们在复旦大学已经连续开设了近十年的课程,每年秋季学期的教学内容基本上都会对上一年的教学进行修正和改良。我们根据多年的研究和经典文献的讨论提炼出来的教学大纲正是本书的框架。我们设计和构建了每一学期"政策网络分析"的讲课大纲,并且在每次课堂教学之前就发给同学们,每一讲的大纲都是由 6—10 个讨论问题构成的,这些问题导向的大纲便于启发同学学习时的思考和课堂教学的展开。这些大纲收录在本书每一讲的正文之后。事实上,政策网络分析并没有一个完整的理论知识架构,即使在国外大体上也是这样的。国外的确是有一些关于政策网络分析的论文集,多数是以马什和史密斯为代表的一些活跃的政策科学研究的学者主编的与政策网络分析相关的文集。但是,把政策网络当作一个系统的知识,应该说我们这个做法在国内至少还是比较早的,当作一门课程在其他高校可能还没有。我们试图把政策网络分析当作一种理论和方法,并将这种知识标准化和系统化。

二、 政策网络分析的性质:描述性抑或分析性

如果将政策网络分析当作一种理论和方法,并将其标准化,它到底是追求一种特定抽象的网络分析工具,还是一个具体的描述性网络模型,这个关于政策网络的性质的问题就变得非常重要了。如果政策网络永远是特定的、具体的,或抽象不了的,看起来是一个具体的政策相关行动者之间的结构性关系,就是一种特定的描述性网络,就是研究政策过程中行动者之间交互作用的关系,这也略显得有些简单了,以至于一些人自己也觉得网络这种方法学起来好像太简单了,就像程咬金的三板斧。如果政策网络仅仅是对所有的行动者关系进行一个描述,发展不出抽象的理论来,那么这肯定不是我们这种政策科学研究方法的最终目的和追求。作为抽

象型的政策网络分析模式,它应该具备什么样的特征,真正的抽象的模型还很少,主要还是马什和史密斯的贡献,网络类型化也是他们的贡献,分为生产型网络、专业型网络、议程网络、议题网络以及政府间网络,这个经典的分类法是他们的贡献。在政策网络理论的研究领域当中,他们显然是主要的奠基者,而政策网络分析方法论上的争论,也主要是围绕着他们的研究进行争论。比如说唐宁的文章,它的题目就是"隐喻还是模型",模型显然是指抽象化、理论化的意思,隐喻就是描述的意思,这就是笔者的第一个问题:政策网络到底是一个描述的东西,还是一个抽象的理论的东西呢?

我们可以理解政策网络首先是一个描述性的工具,这毫无疑问是对的,当然,它也是一个隐喻,这是不可否认的。关于政策网络,我们目前能做的大量工作都是隐喻性的政策模型构建,很多人做的经验研究都是隐喻性的模型,或者说政策网络模型多数是对政策行动者之间的结构性关系的描述性构造。但政策网络是不是只能做描述性的或隐喻性的分析呢? 是不是政策网络方法就定格到这个地方,每次做网络方法就是这样做,把所有的行动者以及之间的关系用流程图刻画出来? 如果说政策网络分析有不同版本,那么描述性模型很大程度上可以理解为只是 1.0 版本,即相对初级的模型。政策网络的高级程度的分析显然涉及理论的抽象问题。那么,怎么抽象? 这就是要回答的衍生出来的问题了:政策网络分析在目前的情况下已经实现了多大程度的抽象? 我们有哪些抽象的模型? 我们现在能够看到的抽象模型就是马什和史密斯的那篇文章,结构、行为和规则这样一个抽象的模型。即便我们把系统动力学的模型算作网络模型的话,它的逻辑结构仍然是具体的和描述的,所以,系统动力学一直不大可能被称为政策科学理论,仍然只是一种工程和技术上的方法,还不能被称为政策理论问题。我们在建立政策系统动力学的时候,能够试图让其摆脱技术工程方法的限制,是因为我们建立了具有初步抽象程度的系统动力学模型结构,比如说增长性的、周期性的、S型的等各种因果循环机制模型,它有一些内在特点,这种内在特点与现实中很多政策系统的行为结构特征具有一定的类似性。比如说在增长型中,传染病、思想观念、制度模式、技术(包括社会运动)等传播和扩散都遵循类似的行为模式,那么,这种政策扩散模型所刻画的理论解释就具有一定抽象性了。当我们研究这类政策问题的时候,我们倾向于把它作为种子模型,在这种意义上来说,我们把系统动力学脱胎换骨了,试图把它和政策过程理论结合起来,从而转换成所谓的政策系统动力学。

那么,在政策网络抽象方面,我们还有哪些东西可以考虑的呢?在课堂讨论的过程当中,我们思考了一些这样的理论问题,比如说政策网络的结构形态,我们试图强调政策网络的不同结构类型,包括单中心、多中心网络的不同形态和属性,或者说它的结构差异对政策网络的效果影响,只不过这些结构和形态没有形成有影响的、成熟的或标准化的假说和知识,这是一个有待持续关注和研究的理论问题。比如说我们讲政策网络的形成机制以及集体行动的逻辑的时候,我讲了各种各样的集体行动的网络结构,讲它形成的原因和模式,这其实是试图构成一些抽象,只不过我们在解释的时候没有明确化。如果希望政策网络知识变得更加理论和模型化,我们应该在政策网络的形成逻辑当中把行动者类型化。议程设置时占主导的、发起议程的行动者,就像我们在讲制度变迁时的第一行动者,其他则是依从的、追随的行动者,把这些不同的行动者抽象化,然后在政策议程上,考虑哪些外部环境和条件,迫使行动者提出的议程更具紧迫性。比如说我们民营企业扶持政策议程设置的时候,其和上海进博会召开这个政策窗口的机会打开有关,还包含着舆论和重要时机的机会窗口等因素。第一行动者、次要行动者、外部环境、观念价值、决策者的结构和规则,这些东西被抽象化以后,我们就可以构建一个类似于金登多源流模型的议程设置解释理论,金登多源流模型可以被改造成一个类似于以行动者为驱动的网络模型。这说明,我们现在所做的政策网络的知识构造,已经具有理论抽象的意识了,或者说很多部分我们已经做了政策理论抽象的尝试和努力了,只不过还没有把这些知识更加抽象化和提炼出来。比如说政策网络和系统动力学的机制,每个网络背后都有一种系统的微观行为机制,但这种微观行为机制是基于具体案例来阐释的,并没有抽象出来。

　　总的来说,政策网络到底是真实的描述性的存在,还是理论的抽象的构造? 我们应该说两者都有,主要是以描述性隐喻为主,但是政策理论抽象永远是我们学术研究努力的方向。虽然现在政策理论抽象化程度不高,但并不意味着我们可以放弃或者忽视这样的研究工作,而是说我们大家都在努力,只不过还没找出好的解释办法。

三、 如何构造抽象的政策网络模型?

　　如果要把政策网络的理论抽象当作研究者的目标追求,我们该如何构造抽象的政策网络模型? 我提出了几个视角或者要素,网络的结构形态、规则、行动者的行为策略三者都很重要,马什和史密斯的模型把这三点都放进去了。如果绕开马什和史密斯来建立一个政策网络的理论,我们更看重哪个维度? 如果我们将行为看作政策网络最核心的视角,则是行为主义;如果更看重结构,则是结构主义;如果更看重规则,则是制度主义。我们在这里把制度主义狭义地定义为约束行为的规则的这种制度。如果我们想对网络进行抽象化的话,显然这三个视角都是我们努力的方向。

政策网络结构中不同行动者之间的关系如何制度化？在政策网络中,绝大部分的关系都是碎片化、松散化的,以长护险中的行动者关系为例,作为政策决策者的人社部门、民政部门和卫计委之间的关系是很脆弱的,经常交叉,经办机构也常抱怨需要做重复工作,同样的表格三家都要上报登记,各部门执法时各自割裂,交叉的地方相互推诿。要使原来松散的关系制度化,首先需要有一种强有力的约束,其次要能够和政策目标保持一致。政策网络分析理论化的过程当中,本质上我们要追求一种使命,不是为了建模型,而是对政策实践和政策过程产生指导性作用,使得政策目标得以实现。如何来评价理论的有效性,就是看实践的政策效果在多大程度上实现了政策目标。制度化的规则要和博弈的架构保持一致性,要在这寻找分析的视角。我们之前讲到制度主义规则和行为规则时,并没有目标指向性,我希望把目标和价值重新拉回来,能够为行为和行动者之间的关系提供一个评价的依据和标准。

如何理解网络分析的正式模型和非正式模型？这个问题很难回答,有很多模型属于正式的,比如理性选择模型、博弈模型、金登多源流模型、系统动力学中的很多模型,都有一定的正式性,这里的正式和非正式是相对的,非正式模型更多的是描述性,正式的是抽象性的。非正式模型作为一种描述性模型,它的行动者都依赖于特定情形和案例,行动者之间的关系是松散的、有待定义的,正式模型中行动者之间的关系相对来说比较规范和标准。不同模型有各自的优缺点,比如政府间网络、服务型网络和议题网络,不同模型适用于不同的功能,议题网络比较适合解释政策议程设置,服务型网络比较适合解决政策实施问题,共同体网络比较适合解决政策决策问题。但是,它们都有缺点,这些网络的抽象度不够,正式化程度不高,而大部分模型都是属于非正式的。

马什和史密斯以及唐宁等人关于政策网络方法论的争论反映出政策

网络作为一种方法,还处在非常初始的阶段,还有很大的发展空间。同时,理论的发展最重要的是模型化、抽象化、标准化和正式化的过程,这是我们在政策科学研究中需要长期开展的工作。每位研究者都应该具有理论抽象化的意识和建立理论模型的自觉性。当然,不同学科方法背景上,模型的抽象化最终还是依赖语言,抽象化的工作始终离不开博弈论,这些方法非常重要,模型的正式化和抽象化的水平和能力,取决于方法和理论背景,越善于使用多重理论方法的视角,抽象化水平会越高,政策网络的发展要从多个学科去汲取营养资源。此外,案例研究始终是政策网络研究的主旋律,案例讲得精彩能够增加我们对政策网络的性质和结构性特征的认识,当然,案例研究不是孤立的,一定要有理论意识,要把这些问题带到自己的研究中去,研究最终要能够和理论进行对话。绝大部分人关于政策研究或政策问题存在争论和分歧,原因有两个:一是他们关于政策问题的性质或政策案例分析的理论抽象不一样,很多人的争论都是基于其自身的理论背景或问题意识自说自话,没有共同的理论语言;一是他们所做的案例背景不一样,对于问题的不同看法大多基于自身经验,就像是不同宗教信仰的人一起讨论宗教问题,看法当然会不一样。

四、 政策网络分析的层次、范围与哲学基础

对公共政策的同学来讲,最缺乏的是理论和方法的训练,我们在本书中收集的有关政策网络方法讨论涉及的这些文献,就是为了弥补经典文献阅读不足的缺陷。政策理论的文献一定要经得起质询和辩论,第 7 讲涉及的一些文献是关于方法论的讨论,侧重于政策网络是如何运用的,在方法运用上有什么特征与优缺点。

针对马什和史密斯的讨论，与他们的模型对应起来，才能明晰其讨论的背景和含义。拉布认为模型变量与变量之间具有很大的随意性，而且有些变量间有明显关系，但是被他们忽略了。还有就是模型中变量与变量间有一些中间变量，可能漏掉了一些因素，拉布讲了时间因素的重要性，这都是存在的问题。此外，拉布还强调了道德和文化的重要性，会约束行为选择的条件和范围，但是马什等却关注不够。理性的计算这一问题，实际上和集体行动的逻辑是一样的，如果预计/捕获了潜在的利益机会，行动者会不会立马采取行动呢？实际上是不一定的。但是在理性主义中，行动者会采取行动，会促使政策网络的形成。当然，理性也会导致相反的作用，比如"公地悲剧"，展示了政策缺失的不利后果。拉布这篇文章掺杂了人类学和社会学的因素，但是对行动者之间的交换、互动和信任等结构因素关注不够深入。

至于政策网络的层次和范围，其中政府部门反映了范围，哪些行动者应该进入政策网络的范围，这个边界不容易把握。在分析案例的时候，怎么选择政策网络的行动者，把哪些行动者放入研究，这是一个经验的活儿，也是理论要求比较高的。网络的层级多数是比较高的，这并不意味着低层次的行动者不会影响政策的实施和效果。比如医疗卫生政策，对政策如何运行以及如何在基层再制定。这个层次可能不仅仅是三层（核心-部门-次部门），可能会有五层及以上。所以，在讲家庭医生制度的时候，从国家（国务院）层面，跨好多部门；然后再到卫生服务系统里的卫计委层面；次级部门，就是卫计委下属的次一级部门；再到省一级卫生厅；再到市一级；再到区一级……说明政策网络是相嵌的。更高层次的网络包含了下一层级的网络，选择哪个层级的政策网络，这和研究的范围和性质有关。当有不同次级网络的时候就要筛选：网络是否具有独立自主性，网络的次级形态是否稳定等，取决于研究的问题。比如在做家庭医生政策、药品外配政策和社区卫生资源配置政策的时候，网络的结构和形态是不一样的。对于具体的政策网络来说，网络的边界划到什么地方，还是根据研究问题的性质来界定的。

每一种模型背后都有其哲学基础。实证主义是现代科学研究的方法，可以检验和证伪。建一个先验的模型，再去找数据检验，这是一个标准化的操作。很多社会学的研究也是这样的，即建立大量的数据和回归，对工具进行量化和测量。经验主义不认为模型假设有用，它认为所有的模型都是经验的、历史的、回溯的。基于经验和历史的观察，我们总结出一种方法，在某种意义上来说，系统动力学具有实证主义的色彩，网络方法稍稍带有经验主义的色彩，但不是绝对的。因为系统动力学如果做模拟和预测的话，大量的模型是假设这个世界是这样运作的，然后找出数据来模拟，这是很典型的实证主义的方法。做网络的模型，更多地是通过两个案例来观察，政策系统的结构运作好像是这样运行的，这种模式是后验的。

实践性的议题与政策网络的功能有关，网络在实践中能够引导政府在公共管理和政策过程的工作。在网络的意义上，行动者的权威要弱化。政府的核心权威已经变成了一个行动者，与其他行动者关系要更加扁平和平等。管理者不应该预设自己的权威，决策的权威在使用时不应该单向度地发布命令。网络重要的功能定义是从描述性功能到解释性功能。

五、 结论与讨论

本书是我们第一次尝试比较系统地来讲授政策网络分析，笔者认为开设这门课的尝试是值得的，我们做了很多关于公共政策理论和方法的新课程的探索,经过多年的探索,笔者认为这些新兴的政策课程设计是值得尝试的。我们在这几年时间里,把政策系统动力学的方法性知识标准化和正式化了。而通过多年的教学和讨论,我们也一直试图将政策网络分析这类知识逐步地标准化、规范化,这对我们的政策科学研究和教学显然都是非常重要的,对于提高学生在政策科学研究过程中的理论意识也是非常重要的。在诸多的方法中,政策网络分析算是一个相对比较简单的方法,网络方法就像素描或者拍照片,把政策场景中的所有行动者列出来,再运用合约、制度和行为分析等概念展开剖析,上手非常快,实用性比较强。硕士阶段的学生最适合学习和运用该方法,但是,在博士阶段,学生如果仅仅靠网络分析范式似乎还不够,还要依赖更深厚的理论素养,如制度主义和政治经济学等作为支撑。

本讲讨论提纲

1. 如何理解政策网络方法的描述性和分析性的功能差异?

2. 如何理解围绕政策网络分析方法论的争论?特别是结构主义和行为主义取向的政策网络分析范式有何差异?

3. 如何构造抽象的政策网络分析模型?

4. 如何理解政策网络分析的层次、范围及其哲学基础?

5. 如何更加有效地开展政策网络分析方法和理论的教学和研究探索?

参考文献

Dowding K., 1995. "Model or Metaphor? A Critical Review of the Policy Network Approach." *Political Studies*, 43(1): 136—158.

R.A.W. Rhodes and David Marsh, 1992. "New Directions in the Study of Policy Networks," *European Journal of Political Research*, Vol.21:197.

附　录

附录 1
我国政策网络研究的知识图谱
——基于 Citespace 的文献综述 *

一、引言

20 世纪 70 年代以来,政策网络理论作为公共政策研究领域的一种理论视角与分析方法,与此前盛行的"国家-社会"和"政治-行政"二分的精英主义和多元主义研究形成了明显的区别。政策网络理论通过将利益相关的行动者引入公共政策过程,将对政策过程的宏观分析与对行动者个人策略行为选择的微观分析联系了起来。经过几十年的发展,政策网络分析形成了以描述性功能为主的"隐喻"视角、以解释性功能为主的"分析工具"视角和以规范性功能为主的"治理范式"视角等三种不同的分支(毛寿龙、郑鑫,2018)。自 21 世纪以来,我国研究者开始引进西方政策网络理论成果,并尝试将其本土化,致力于推动我国政策网络理论研究,并用于我国政策实践过程理论分析与经验研究。

那么,对于研究者而言,一些直观的问题是:经过十多年的发展,我国

　　* 本附录内容为复旦大学"卓越 2025"人才培育计划项目成果,原文由赵德余与唐博合作完成,并发表于《复旦公共行政评论》2021 年第 1 期,第 248—268 页。

政策网络研究产生了怎样的成果？哪些文献对该领域产生了重要的影响，其发展路径是怎样的？政策网络的研究热点和研究趋势又呈现出怎样的变化？当前有关政策网络研究存在哪些不足？未来的发展方向又是如何？等等。深入回答这些问题有助于进一步拓展和深化我国政策网络研究。

本文以中国知网（CNKI）数据库中 2003—2019 年 CSSCI 来源期刊与核心期刊的文章为研究样本，运用 CiteSpace5.6 软件绘制出这一阶段我国政策网络理论研究的知识图谱。刊载在这类期刊上的文章在很大程度上代表着我国学术科研成果的概况。近十多年来，我国政策网络研究逐渐从对西方理论研究的引入介绍转向具有中国政策实践经验特点的理论体系建构，其研究范围与深度不断扩展。在数据获取上，本文以"政策网络"为检索主题和关键词，检索条件为"精确"，共得到 1 022 条文献记录，通过筛选，最终保留了 332 篇样本文献。

二、 样本文献整体分析

（一）发文数量的年度分布

2003—2019 年间，我国政策网络研究文献的年度数量分布如图附1.1 所示。总体而言，在研究早期（2003—2007 年），由于政策网络理论相对缺乏，相关理念尚未被系统地引入国内，相关论文数量很少。不过随着研究者和研究机构不断加入政策网络的研究，该领域研究迅猛发展（2008—2012 年）。经过 2013 年的短暂大幅度下降后，2014 年以来我国政策网络相关论文数量呈现出较为平稳的波动变化态势，但总体数量仍然保持在一定水平，表明当前我国政策网络研究已进入相对稳定的发展阶段。

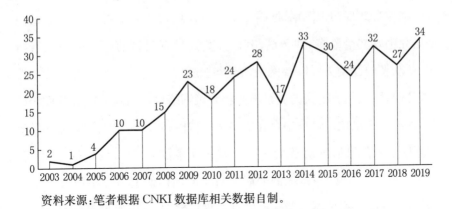

资料来源：笔者根据 CNKI 数据库相关数据自制。

图附 1.1　2003—2019 年我国政策网络研究文献数量统计

(二) 作者共现与研究机构共现知识图谱分析

资料来源：笔者根据 CNKI 数据库相关数据，运用 Citespace 分析而成。

图附 1.2　政策网络研究的作者共现知识图谱(2003—2019 年)

从作者共现知识图谱(图附 1.2)来看,自 2003 年以来,邓凡在政策网络研究中发文量最多,共 7 篇,其研究关注教育政策的政策网络执行结构、行动者的互动关系以及网络治理与公共教育利益的实现等。有 6 篇政策网络研究相关论文的龚虹波则将政策网络理论与政策执行过程相结合,提出了政策执行过程中存在的诸多结构模式,从而对政策实施效果产生影响。紧随其后的则是王春福(5 篇)、朱亚鹏(4 篇)、杨代福(4 篇)和李勇军(4 篇)等研究者,他们的研究对于向国内研究者介绍西方政策网络理论,建立具有中国政策实施特征的理论模型,并引导更多研究者关注政策网络理论起到了积极的作用。

资料来源:笔者根据 CNKI 数据库相关数据,运用 Citespace 分析而成。

图附 1.3　政策网络研究机构共现知识图谱(2003—2019 年)

至于研究机构共现,根据 CiteSpace5.6 分析,清华大学公共管理学院(19 篇)、中国人民大学公共管理学院(16 篇)和东北大学文法学院(15 篇)排在了政策网络研究机构论文发表的前三名,为我国政策网络研究提供了丰富的文献参考。上海交通大学国际与公共事务学院(10 篇)、吉林大学行政学院(9 篇)、复旦大学国际关系与公共事务学院(8 篇)、广州大学公共管理学院(8 篇)等研究机构紧随其后,成为政策网络的重要研究机构。不过研究机构共现知识图谱(图附 1.3)显示出,各研究机构之间的合作较为缺乏,机构之间的连接比较松散。除了清华大学公共管理学院与其他研究机构有较多的合作之外,其他研究机构或是独自发文,或是与某一两个研究机构合作,表明政策网络研究中机构之间的合作研究仍然有待进一步提升。

(三) 高引用频次论文分析

高引用频次论文意味着该论文在学术研究中被其他研究者引用次数较多,有着较高的影响广度、强度和深度,为后续研究提供支持和帮助(徐建中、王名扬,2014)。对政策网络领域高引用频次论文进行分析,有助于深入了解该领域当前研究现状、研究热点、未来研究方向以及研究趋势。

表附 1.1 统计了 10 篇 2003—2019 年间我国政策网络研究中引用频次最高的文献。数据显示,孙柏瑛、李卓青、张康之、程倩、谭羚雁、娄成武等学者的论文对政策网络研究影响较大。特别是孙柏瑛与李卓青的《政策网络治理:公共治理的新途径》一文被引频次高达 241 次,表明该文对政策网络研究有着较高的影响力。从篇名分析,政策网络领域高引用频次论文主要聚焦在政策网络理论的讨论、政策网络分析方法的介绍,以及政策网络的治理功能等方面。此外,还有的论文涉及诸如保障性住房政策、地方治理等具体政策的案例研究,表明近十多年我国政策网络领域研究具有政策案例多元化的特征,研究内容丰富。

表附 1.1　我国政策网络研究前 10 篇高引用频次文献(2003—2019 年)[①]

排名	文　　章	作者	被引频次	发表期刊	发表年份
1	《政策网络治理:公共治理的新途径》	孙柏瑛 李卓青	241	《中国行政管理》	2008 年
2	《网络治理理论及其实践》	张康之 程倩	130	《新视野》	2010 年
3	《保障性住房政策过程的中央与地方政府关系——政策网络理论的分析与应用》	谭羚雁 娄成武	120	《公共管理学报》	2012 年
4	《理解公共政策:"政策网络"的途径》	胡伟 石凯	112	《上海交通大学学报(哲学社会科学版)》	2006 年
5	《政策网络理论:政策过程的新范式》	石凯 胡伟	102	《国外社会科学》	2006 年
6	《政策工具选择的视角、研究途径与模型建构》	丁煌 杨代福	84	《行政论坛》	2009 年
7	《从地方政府到地方治理——地方治理之内涵与模式研究》	娄成武 张建伟	83	《中国行政管理》	2007 年
8	《政策网络分析》	林震	80	《中国行政管理》	2005 年
9	《公共政策研究的政策网络分析视角》	朱亚鹏	76	《中山大学学报(社会科学版)》	2006 年
10	《政策网络分析:发展脉络与理论构建》	朱亚鹏	74	《中山大学学报(社会科学版)》	2008 年

资料来源:笔者根据 CNKI 数据库相关数据进行排序和整理,自制而成。

三、 研究内容的主要特征及其演化路径

上文对样本文献进行了总体描述,展现了近十多年我国政策网络研

---

① 数据搜索截止时间为 2020 年 1 月 30 日。

究总体状况及其研究趋势。接下来,本文通过使用 CiteSpace5.6 软件,将 Time Slice 设置为 1,阈值设定为 Top 10,得到政策网络研究的关键词词频表、时区视图等知识图谱,进一步探讨近十多年我国政策网络领域研究主题和研究趋势。

(一) 关键词与中心性统计

本文运用 CiteSpace5.6 对关键词进行共词分析(Node Types＝Keyword；Top10；Time Slices＝1),提取频数排在前 10 位的关键词作为代表政策网络研究热点的高频关键词(表附 1.2)。一般而言,频率和中心性是衡量关键词重要性的重要指标(曾小桥等,2018)。节点的中心性数值越高,意味着其所连接与传递信息的关键词越多,在整个知识图谱中的媒介作用就越强,也就表明节点越重要(赵俊芳、安泽会,2014)。

表附 1.2 显示"政策网络"的词频和中心性数值最高,位居首位。"公共政策"与"政策执行"的中心性数值分别位列第 2、第 3 位。此外,在政策网络研究领域也具有重要影响的关键词依次为:"治理""网络治理""社会网络""政策过程""社区治理""政策工具""网络分析"等。以上所罗列的关键词,表明政策网络在公共政策相关理论中有着较为广泛的运用(比如政策过程、政策执行和政策效果等)。当然,关键词也大体反映了学科与方法风格取向的差异。一种研究以政策科学为导向,更加关注公共政策、政策路径、政策工具等理论范式或视角的重要性,如胡伟、石凯、丁煌和朱亚鹏等学者认为政策网络理论突破了传统政策分析范式,为政策过程分析提供了新的分析工具和概念框架,从而以网络结构分析弥补功能主义研究中存在的不足(胡伟,石凯,2006；朱亚鹏,2008；丁煌,杨代福,2009)。而另一种研究侧重于社会科学理论(特别是政治学或社会学)为导向的研究范式,其研究更加突出网络治理、社会网络、社区治理以及网络分析等概念的分析价值,愈加聚焦于组织结构、网络行动者互动过程及网络治理效果等内容(林闽钢,2002;夏建中,2010;黄亮,2011;朱仁显、邬文英,2014;彭芳梅,2017;翁士洪,2017)。这两种研究导向都受到政策网络方法的影响,不过其背后体现的理论范式或问题意识仍然存在着差异。同时,政策网络的治理功能及其方法论分析也受到了研究者的关注,这些研究尝试推动政策网络研究的类型化、动态化和系统化,从而实现政策网络模型的正式性分析(孙柏瑛、李卓青,2008;田华文,2017;赵德余,2017;赵德余、沈磊,2018)。

表附1.2 政策网络领域文献中出现频次最高的前 10 个关键词(2003—2019 年)

序号	关键词	词频	中心性
1	政策网络	156	0.60
2	公共政策	18	0.15
3	政策执行	14	0.11
4	治 理	11	0.04
5	网络治理	10	0.05
6	社会网络	8	0.08
7	政策过程	7	0.03
8	社区治理	6	0.03
9	政策工具	6	0.03
10	网络分析	5	0.03

资料来源:笔者根据 CNKI 数据库相关数据进行排序和整理,自制而成。

(二) 时区视图:研究的演化与发展

时区视图是一种侧重于从时间维度上表示知识演进的视图,它能够清晰地展示出文献的演化路径和相互影响,突现词分析则有助于发现不同时期的研究热点。因此,本文利用 CiteSpace5.6 软件关键词生成时间空间视图,从而分析近十多年我国政策网络研究的演化与发展阶段特征。图附 1.4 反映了近十多年我国政策网络研究的演化路径与发展阶段。通过阅读相关文献研究内容,并结合时区视图的内容,本文将我国政策网络研究演化和发展划分为两个历史阶段。

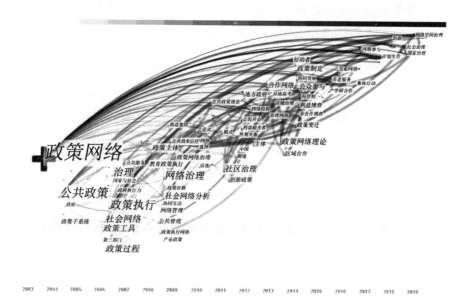

资料来源:笔者根据 CNKI 数据库相关数据,运用 Citespace 分析而成。

图附 1.4　我国政策网络研究时区视图(2003—2019 年)

1. 理论引入阶段:政策网络理论的引进与发展

图附 1.4 显示,本阶段政策网络研究理论含义较强。研究者开始引入政策网络理论,聚焦于政策网络理论与公共政策理论的结合,将政策网络理论用于解释政策过程(议程设置、政策制定和政策执行),探讨政策过程中的行动者关系、政策工具的使用及其网络治理效果。陈庆云和鄞益奋详细介绍了西方政策网络研究的进展,认为政策网络的研究致力于克服过程阶段论的缺陷,从而将行为者和网络视角嵌入政策过程动态研究

（陈庆云、鄞益奋，2005）。林震提出，政策网络是对现实政策过程的客观描述，有助于研究者基于政策网络探讨政府治理的新模式（林震，2005）。李瑞昌认为，政策网络理论结合了制度分析方法和理性选择分析方法，对政策制定和治理问题提供了新的分析框架（李瑞昌，2004）。此后，胡伟、石凯和朱亚鹏等学者更系统地展示了政策网络理论在政策过程中的新范式，并认为政策网络形成的中观分析为理解公共政策以及国家与社会关系提供了重要的理论价值和现实意义（石凯、胡伟，2006；朱亚鹏，2006）。本阶段研究者引入了在欧美较为成熟的政策网络理论，介绍了理论范式、分析框架和方法内容，为后来的研究者使用政策网络对我国政策理论和实践研究提供了理论支持。

2. 理论扩展与本土化改造阶段：政策网络与治理实践

在本阶段，研究者从对国外政策网络理论的引入和介绍，转为对政策网络理论的扩展，从而将研究范围扩展至网络利益相关者、政策执行过程、网络治理功能、政府间关系等与政策网络理论相关的内容。研究者在这一阶段对政策网络理论中的概念和逻辑结构进行了深入探讨，同时结合中国改革开放过程中的政策实践案例，开始提出中国政策网络过程的模式、特征及其效果。这些研究根据政策实践不断推动政策网络利益相关者分析以及政策网络治理机制，充分发挥了政策网络理论解释和建构功能。这些政策实践案例范围较广，包括但不限于房地产相关政策过程中的府际关系，区域环境治理过程中的地方政府合作网络及其多元治理，我国教育政策实施过程中的困境及其复杂性，社区治理中的研究范式与框架等。这一阶段的研究者将政策网络理论与我国政策实践相结合。一方面，政策网络研究的议题不断丰富起来，比如食品安全政策、农业政策、户籍政策等议题（刘毅、西宝、李鹏，2012；郑军南、黄祖辉、徐旭初，2015；杜兴洋、裴云鹤，2016）。此外，伴随着互联网在中国的兴起，一些研究者开始关注互联网对公共政策的影响机制（桂勇、王正芬，2014；田进、朱利平，2015）。另一方面，有的研究逐渐聚焦于政府（特别是地方政府）决策过程、公众参与、治理效果以及具体的集体行动机制等，从而扩展了政策网络理论的研究，并丰富了其理论含义。特别是，政策网络理论对政策过程治理机制的解释，也在一定程度上丰富并超越了拉斯韦尔政策过程分析的阶段论范式，同时也有助于促进政策网络研究从描述性向分析性范式的转变。

值得一提的是，2013 年的中共十八届三中全会提出了推进国家治理体系和治理能力现代化的改革目标，此后有关国家治理的研究不断涌现，为我国治理能力现代化提供了有益的理论指导。一些研究者基于政策网络理论，并将其运用到对现代化治理体系研究中，从而推动了政策网络理论本土化。田华文等人从政策网络理论的治理学派出发，采用管理学和渐进主义的基本逻辑，提出了由网络描述、网络管理和网络检查等三部分组成的政策网络治理分析框架。同时，他们从运行机理、价值标准、主要问题以及政府的角色定位等四个方面对政策网络治理概念进行了辨析和讨论（田华文、魏淑艳，2015）。一些研究者则从政策网络治理功能出发，对具体的政策实施过程进行研究，并提出政策优化建议，如环境治理政策、医师多点执业政策、政府绩效治理、网约车监管政策等（冯贵霞，2016；刘芳、刘红，2017；许佳君、李方方，2017；范永茂，2018）。总之研究者将政策网络治理理论与我国国家现代化治理体系建设结合起来，无疑加深了政策网络分析与治理理论的范式融合，即在很大程度上统一到以行动者为中心，并促进两种范式分析要素（如结构-行为-效果等）的重新构造与组合。当然，这也拓展了政策网络理论的本土化及其运用范围或领域。

（三）关键词共现聚类分析：识别研究热点

本文对样本文献进行关键词聚类分析，结果表明，共有 432 个网络节点、538 条连线，网络密度为 0.005 8，Modularity Q 为 0.803 8，显示出样本文献关键词聚类效果较好。此外，Mean Silhouette 值为 0.650 9（＞0.5），表明该聚类的结果是合理的。通过对样本文献中的关键词进行聚类分析，共形成了 12 个主要关键词聚类（见图附 1.5），反映了政策网络研究的不同侧重。在图附 1.5 的基础上，本文基于每个聚类标签的主要内容，并阅读相关文献，对政策网络研究的热点进行归纳总结，形成了三个主要聚类，反映政策网络研究的发展特征和前沿热点。

1. 聚类 A：政策网络理论的引入与扩展

本聚类包括了"♯0 政策网络""♯1 公共政策""♯2 政策执行"和"♯10 公共政策过程"。聚类♯0 的主要内容有政策网络、政策执行、政治精英、公共政策等。聚类♯1 的主要内容有公共政策、政策扩散、理论模型等。聚类♯2 的主要内容有政策执行、组织视角、执行结构等。聚类♯10 则包括了集体行动、倡议联盟框架、政策理论等内容。本聚类内容展现了政策网络理论研究的引入与发展过程中研究者着重关注的内容。准确地说，组织与制度理论对政策网络分析的模型构造与概念深化起到重要的作用。奥尔森[①]和奥斯特罗姆[②]的集体行动理论（Olson，1995；Ostrom，2012）与威廉姆森的机会主义、专用性投资与交易成本等交易的

---

① 奥尔森在《集体行动的逻辑》一书中论证理性的个体不会积极主动地采取行动以满足集团共同利益。为了提高成员提供集体物品的可能性，必须对成员实施相应的激励，避免可能存在的搭便车现象。

② 奥斯特罗姆在《公共事物的治理之道：集体行动制度的演进》中指出，相互依赖的行动者面临着可能存在的搭便车等机会主义行为诱惑，为了获得持续的共同收益，因此如何将行动者组织起来以实现自主治理，为政策机制和网络行为研究提供了多变量组合的可能性。

技术特征(Williamson, 2016)等都会塑造与影响政策机制或网络行为的效率特征。

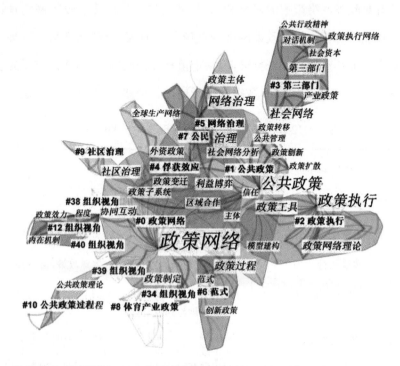

资料来源:笔者根据 CNKI 数据库数据,运用 Citespace 分析而成。

图附 1.5　政策网络研究领域关键词共现聚类图(2003—2019 年)

2. 聚类 B:政策网络理论治理功能的研究

本聚类主要包括"♯3 第三部门""♯4 俘获效应""♯5 网络治理"和"♯7 公民"。本部分内容展现了研究者对政策网络理论治理功能的青睐和进一步发展。聚类♯3 包含了第三部门、社会资本、执行网络、产业政策等内容。聚类♯4 主要内容是俘获效应、利益博弈、全球生产网络等。在聚类♯5 中,网络治理、保障性住房、央地关系、政策主体等成为其主要内容。而聚类♯7 则包含了公民、政府、网络化治理、社会部门等主要内容。在本聚类中,研究者关注政策网络理论的治理功能,聚焦政策过程中行动者之间的互动关系(央地关系、政府-市场关系等),特别是加强了民间声音对政策网络影响的研究和探讨,从而进一步深化了政策网络理论治理功能的研究。相对政策网络的理论分析而言,政策网络与治理理论的研究更加具有经验实证特征,包括定量和定性案例研究,或侧重于经验案例描述,或基于调查样本数据的定量检验。当然,也存在着一些运用博

表附 1.3　2003—2019 年政策网络关键词共现聚类分析

聚类	聚类编码	规模	中心性	关键词
A	♯0 政策网络	76	0.992	政策网络;政策执行;政治精英;公共政策;治理机制
	♯1 公共政策	37	0.908	公共政策;政策扩散;互联网技术;整合;理论模型
	♯2 政策执行	35	0.974	政策执行;组织视角;教育政策;自下而上;执行结构
	♯10 公共政策过程	7	0.992	公共政策过程;集体行动;倡议联盟框架;政策理论;政策网络
B	♯3 第三部门	15	0.995	第三部门;社会资本;执行网络;产业政策;政府与市场
	♯4 俘获效应	14	0.986	俘获效应;低端锁定;利益博弈;全球生产网络;转型升级
	♯5 网络治理	27	0.992	网络治理;保障性住房;央地关系;政策主体;征地制度
	♯7 公民	11	0.923	公民;政府;网络化治理;社会部门;政策网络
C	♯6 范式	13	0.975	范式;政策网络路径;创新政策;政策过程;政策执行
	♯12 组织视角	6	0.998	组织视角;公共政策过程;社区治理;政策网络;治理机制
	♯8 体育产业政策	9	0.993	体育产业政策;国家治理;政策网络;政策执行;网络治理
	♯9 社区治理	8	0.994	社区治理;治理失灵;政策网络;政策执行;网络治理

资料来源:根据 CNKI 数据库数据进行 Citespace 分析自制而成。

弈论分析行动者的策略行动选择或利益博弈的技术性研究，关联网络模型与行动者行为，实现模型建构与经验检测的整合（丁煌、杨代福，2008；刘慧君，2011）。

3. 聚类 C：政策网络理论与政策实践的结合

本聚类主要包括"♯6 范式""♯8 体育产业政策""♯9 社区治理"和"♯12 组织视角"。聚类♯6 的关键词包括范式、政策网络路径、创新政策、政策过程、政策执行等内容。聚类♯8 主要由体育产业政策、国家治理、政策网络、政策执行、网络治理等组成。聚类♯9 的主要内容有社区治理、治理失灵、网络治理。聚类♯12 则是与组织视角、社区治理、治理机制等内容有关。本部分聚类的内容显示出研究者既将研究聚焦于政策网络的理论（如关于政策网络范式、治理机制的研究），又运用政策网络理论对具体政策实践进行分析（如体育产业政策、社区治理、创新政策等），从而将政策网络理论与政策实践结合起来，以实现政策网络治理功能，建立具有中国特色的治理机制。

应该说，这类研究在方法上更倾向于理论要素与经验实证分析的结合。从特征上来看，它既不是完全聚焦于政策网络理论构造而缺乏经验素材的纯理论性分析，也不是完全缺乏理论要素的纯经验实证研究。当然，政策网络的理论与方法本身也是相对松散的。无论是罗茨和马什等人的经验研究（Rhodes，1998；Marsh and Smith，2000），还是唐宁等人关于政策网络分析方法的争论和批评（Dowding，1995），都从理论和实证上给研究者提供了理论假说的启示与学术对话的理论背景。研究者可以根据行动者特征和网络结构属性对政策网络进行标准化建模，从而实证分析行动者特征和网络结构属性对制度和治理性质以及政策效果的影响程度（Dowding，2001）。还有一些研究者的理论更多地具有政治学或社会学网络治理的学术意涵，这与政策科学取向的理论-实证研究形成了鲜明的对比。

（四）关键词突现分析：掌握研究趋势

图附 1.6 展现了近十多年政策网络研究的发展演化过程。本文对样本文献关键词进行突现分析，结果表明，在过去的十多年，我国政策网络研究的关键词从政策过程不断转向治理机制：政策执行、公共政策、治理、社区治理、政策制定、政策网络理论、网络治理和社会网络。图附 1.6 中加粗线段意味着突现词的突现时间段，从而展示出特定时间段的研究趋势。根据图附 1.6，本文将我国政策网络研究演变过程分为两个阶段，并结合我国经济社会发展背景对其演变路径进行呈现。

第一阶段（2006—2010 年）的突现词为政策执行、公共政策和治理，表明这一阶段的政策网络研究倾向于将政策网络理论与政策执行过程、公共政策理论和治理进行结合。在政策网络理论被引入国内研究后，其对政策执行过程及政策的治理效果的解释提供了新的分析工具与范式。在这一阶段涌现了许多利用政策网络理论对我国政策实施过程及政策治理效果进行研究的论文。

第二阶段（2011—2019 年）的突现词为社区治理、政策制定、政策网络理论、网络治理和社会网络。政策制定和网络治理分别作为政策网络的前端和后端，对其的深入研究显示出这一阶段的政策网络研究已步入更具理论含义的逻辑与路径中。在党的十八大报告提出要加快社会建设和推进社会体制改革、提高社会管理科学化水平的背景下，政策网络的内涵、政策制定及网络治理成为研究的焦点，从而产生了诸如社区治理、国家治理体系等具有中国政策实践特色的研究成果。特别是在十九大提出要打造共建共治共享的社会治理格局之后，政策网络理论的治理功能更是受到了研究者的关注，成为当前政策网络理论研究的热点。

关键词	年份	强度	开始	结束	2003—2019
政策执行	2003	3.041 2	2006	2009	
公共政策	2003	1.713 6	2007	2009	
治理	2003	2.621 8	2007	2010	
社区治理	2003	2.616 5	2013	2014	
政策制定	2003	1.158 8	2014	2019	
政策网络理论	2003	1.420 8	2014	2017	
网络治理	2003	1.649 7	2015	2017	
社会网络	2003	1.56	2015	2017	

资料来源:笔者根据 CNKI 数据库数据,运用 Citespace 分析而成。

图附 1.6 2009—2019 年政策网络研究突现词列表

四、 讨论与总结

通过运用成熟的 CiteSpace5.6 软件,本文对 CNKI 数据库中我国 2003—2019 年的政策网络相关文献数据进行了知识图谱分析,以"政策网络"为关键词,描绘了我国政策网络研究领域十多年来的基本特征;通过构建关键词共现聚类图和时区视图,展现了政策网络研究领域的演变路径和发展阶段。最后,通过关键词突现分析,呈现了政策网络的研究趋势和研究热点。本文得到以下结论。

政策网络研究在我国政策研究领域愈发成熟。从最初以引入西方政策网络理论为主,到结合中国政策实践对政策网络理论进行概念界定,再到当前本土化理论模式改造,政策网络研究领域不断成熟,成为政策理论不可或缺的重要内容。

网络治理功能及其机制逐渐受到研究者关注。十多年来我国政策网络理论研究主要聚焦于对西方政策网络理论成果的引入以及与本土化政策实践的结合，同时，结合我国国家治理体系和治理能力现代化的建设，政策网络理论与治理理论范式的融合不断受到研究者的关注。

我国政策网络研究主题具有鲜明的时代特征。从研究趋势分析，自2006年以来，我国政策网络研究不断转向政策执行、公共政策、治理、社区治理、政策制定、政策网络理论、网络治理和社会网络等主题。特别是政策网络研究不断随着我国经济社会发展而发生变化，反映了研究者将政策网络理论本土化，充分发挥政策网络理论治理功能，从政策网络理论出发，不断完善治理机制的努力。

十多年来，我国政策网络理论研究取得了丰硕成果，积累了大量政策网络的案例分析，为当前我国政策网络研究进入成熟发展阶段奠定了良好的基础。不过现有文献也存在着一些不足。

跨学科交叉尝试仍显不足。当前，很多研究仍然局限在政策过程甚至仅限于政策网络理论中。现代公共政策存在着高度的复杂性与技术性，多元主体参与逐渐成为政策领域的常态，原有的理论模式不仅难以再在宏观上有着强大的解释力，在微观层面更是难以涉及。因此，近年来不断有经济学、心理学甚至语言学等被引入政策网络领域的研究，试图探析网络行动主体信念形成、集体行动产生、利益集团内部一致与分歧的变动状态等，不断提升政策网络研究的解释力和说服力。

研究方法多元化仍需提升。研究方法的扩展需要运用多元工具，规范研究设计。当前我国的政策网络研究更多侧重于对政策过程使用质性分析，定量实证研究较为欠缺。诸如在对网络行动者进行研究时，国外研究者已经发展出成熟的编码技术，对搜集到的文字材料进行有关行动者与组织的编码转换，实现了定性与定量分析的结合，提升了理论解释力（Olofsson，K.L.，et al.，2018）。而我国的一些研究更多的是将文字经验材料进行归纳总结，形成不同的网络成员类型，其科学性和规范性较为欠缺。因此,我国政策网络研究可以充分运用数据编码、模拟仿真等多样工具,提升政策分析的科学性、规范性与正式性。同时,还应当重新认识和评估政策科学方法论争论(实证主义和规范主义)的核心问题(赵德余,2016)。

不过,需要指出的是,本研究运用的文献检索方法本身也存在着不足。即本文检索与讨论的文献并未完整、全面地反映我国学者在政策分析领域的全部成果。毕竟还有相当一部分有关政策网络分析的成果或文章可能发表于一些会议论文集中,或发表于其他一些并未被纳入 CSSCI或核心期刊的期刊中,但这并不意味着这些未被检索到的相关政策网络研究就不重要。如复旦大学的政策科学研究团队近年来在《当代社会政策研究》《复旦发展与政策评论》等书中也发表了多篇相关的论文。①这对于培养博士和硕士研究生政策网络分析能力,并引导其在政策领域学位论文研究中运用政策网络方法,起到了积极的作用。

总之,进入 21 世纪以来,我国经济社会快速发展,综合国力不断增强,政策的变迁与实施日新月异,这一过程为我国政策网络研究提供了丰富的政策实践案例。在政策网络理论研究起步晚、基础较为薄弱、研究人员不足的情况下,我国研究者通过不断地投入与深入研究,不断丰富我国政策网络研究内容,产生了许多具有中国政策领域特色的理论成果。接下来,我国的政策网络研究需要从中国特有的政策领域环境中构建解释力强的理论,同时还应当将政策网络理论运用到新时代提升国家治理体系和治理能力现代化过程中去。

---

①　如《当代社会政策研究》刊登的《政策网络分析的多重面孔》等文章,《复旦发展与政策评论》刊登的《小流域水污染治理的政策网络分析——以福建西塔溪流域为例》等文章。这些文章讨论了政策网络的概念与内涵,扩展了政策网络理论。同时,结合当前我国现代化治理体系建设,丰富了具体政策的研究。

参考文献

[美]埃莉诺·奥斯特罗姆:《公共事物的治理之道:集体行动制度的演进》,余逊达等译,上海译文出版社 2012 年版。

[美]奥利弗.E.威廉姆森:《治理机制》,石烁译,机械工业出版社 2016 年版。

陈庆云、鄞益奋、曾军荣:《公共管理理念的跨越:从政府本位到社会本位》,载《中国行政管理》2005 年第 4 期。

丁煌、杨代福:《政策工具选择的视角、研究途径与模型建构》,载《行政论坛》2009 年第 3 期。

丁煌、杨代福:《政策网络、博弈与政策执行:以我国房价宏观调控政策为例》,载《学海》2008 年第 6 期。

杜兴洋、裴云鹤:《政策网络视阈下的户籍政策变迁透析》,载《中国行政管理》2016 年第 5 期。

范永茂:《政策网络视角下的网约车监管:政策困境与治理策略》,载《中国行政管理》2018 年第 6 期。

冯贵霞:《"共识互动式"环保政策执行网络的形成——以环保约谈制为例》,载《东岳论丛》2016 年第 4 期。

桂勇、王正芬:《互联网对中国集体行动的影响》,载《新闻记者》2014 年第 4 期。

胡伟、石凯:《理解公共政策:"政策网络"的途径》,载《上海交通大学学报(哲学社会科学版)》2006 年第 4 期。

黄亮:《社会网络对企业家战略执行能力影响的实证分析——来自中小民营企业的证据》,载《商业经济与管理》2011 年第 4 期。

李瑞昌:《关系、结构与利益表达——政策制定和治理过程中的网络范式》,载《复旦学报(社会科学版)》2004 年第 6 期。

林闽钢:《社会学视野中的组织间网络及其治理结构》,载《社会学研究》2002 年第 2 期。

林震:《政策网络分析》,载《中国行政管理》2005 年第 9 期。

刘芳、刘红:《医师多点执业政策执行困境分析》,载《卫生经济研究》2017 年第 6 期。

刘慧君:《性别失衡议题中的多元利益格局与政策博弈——对中国性别失衡政策

议题网络的实证分析》,载《公共管理学报》2011 年第 1 期。

刘毅、西宝、李鹏:《中国食品安全监管的政策网络研究》,载《中南民族大学学报(人文社会科学版)》2012 年第 3 期。

[美]曼瑟尔·奥尔森:《集体行动的逻辑》,陈郁等译,上海人民出版社 1995 年版。

毛寿龙、郑鑫:《政策网络:基于隐喻、分析工具和治理范式的新阐释——兼论其在中国的适用性》,载《甘肃行政学院学报》2018 年第 3 期。

彭芳梅:《粤港澳大湾区及周边城市经济空间联系与空间结构——基于改进引力模型与社会网络分析的实证分析》,载《经济地理》2017 年第 12 期。

石凯、胡伟:《政策网络理论:政策过程的新范式》,载《国外社会科学》2006 年第 3 期。

孙柏瑛、李卓青:《政策网络治理:公共治理的新途径》,载《中国行政管理》2008 年第 5 期。

田华文:《从政策网络到网络化治理:一组概念辨析》,载《北京行政学院学报》2017 年第 2 期。

田华文、魏淑艳:《作为治理工具的政策网络一个分析框架》,载《东北大学学报(社会科学版)》2015 年第 5 期。

田进、朱利平:《互联网环境下网络公共事件触发政策议题的形成机理研究》,载《电子政务》2015 年第 8 期。

翁士洪:《公共议程中网络参与的社会网络分析——以柴静〈穹顶之下〉纪录片事件的微博舆情传播为例》,载《复旦公共行政评论》2017 年第 1 期。

夏建中:《治理理论的特点与社区治理研究》,载《黑龙江社会科学》2010 年第 2 期。

徐建中、王名扬:《文献影响力的综合评价指标体系研究》,载《情报理论与实践》2014 年第 5 期。

许佳君、李方方:《地方政府绩效治理的合法性悖论与政策网络控制逻辑》,载《河南师范大学学报(哲学社会科学版)》2017 年第 6 期。

曾小桥、卢东、贺碧玉:《我国旅游共享经济研究评述——基于 CiteSpace 的文献可视化分析》,载《资源开发与市场》2018 年第 8 期。

赵德余:《公共政策科学的谱系与图景:一个医学的隐喻》,载《学海》2016 年第 3 期。

赵德余、沈磊:《政策网络结构的系统动力学机制:居民健康自我管理的个案研究》,载《学海》2018 年第 5 期。

赵德余:《政策实施研究模型的重构与再造:对综合模型的再综合》,载《公共行政评论》2017 年第 3 期。

赵俊芳、安泽会：《我国大学学术权力研究热点及知识可视化图谱分析》，载《复旦教育论坛》2014 年第 5 期。

郑军南、黄祖辉、徐旭初：《政策网络视域中农民合作经济组织的制度变迁》，载《农业经济与管理》2015 年第 5 期。

朱仁显、邬文英：《从网格管理到合作共治——转型期我国社区治理模式路径演进分析》，载《厦门大学学报(哲学社会科学版)》2014 年第 1 期。

朱亚鹏：《公共政策研究的政策网络分析视角》，载《中山大学学报：社会科学版》2006 年第 3 期。

朱亚鹏：《政策网络分析：发展脉络与理论构建》，载《中山大学学报(社会科学版)》2008 年第 5 期。

Dowding, K., 1995. "Model or Metaphor? A Critical Review of the Policy Network Approach." *Political Studies*, 43(2):136—158.

Dowding, K., 2001. "There Must Be End to Confusion: Policy Networks, Intellectual Fatigue, and the Need for Political Science Methods Courses in British Universities." *Political Studies*, 49(1): 89—105.

Marsh, D., & Smith, M., 2000. "Understanding Policy Networks: Towards a Dialectical Approach." *Political Studies*, 48(1):4—21.

Olofsson, K.L., et al., 2018. "A Dominant Coalition and Policy Change: An Analysis of Shale Oil and Gas Politics in India." *Journal of Environmental Policy & Planning*, 20 (5):645—660.

Rhodes, R.A.W., 1998. "Understanding Governance: Policy Networks, Governance, Reflexivity and Accountability." *Social Studies*, 39(4):182—184.

附录 2
基于政策文本的网络分析模型构建
——以《中华人民共和国慈善法》为例

一、 引言

全国人大的政策评估报告是人大代表在基层经过大量的调研,或者是委托课题组去做调研后总结提炼出来的。评估报告作为资料性的文本是有一定价值的。从学术性的角度出发,运用政策网络分析将政策文本转换成一篇学术论文应该怎么做呢? 如果我们能这样做,就意味着所有的法律或政策文本只要转换成政策网络的模型,然后搜寻相关的证据,就可以形成一篇针对政策文本建模的评论性报告。具体可参考以下书籍:《政策制定的逻辑经验与解释》《权力、危机与公共政策》等。

我们以《中华人民共和国慈善法》(以下简称《慈善法》)为例做个示范。政策文本可实施的具体政策内容很多,显然不可能全面涉及,可以挑选一些将政策文本转换成政策网络模型。以《慈善法》为例,从第二章到第九章是对主体相关责任的界定。所有的法律都是关于每个行动者权力和责任的界定,而公共政策也是如此。但是公共政策比法律更具体和灵活,而法律比公共政策更严格或更具稳定性和权威性。公共政策是建议你做什么或鼓励、要求你应该做什么。法律很少鼓励你应该做什么，法律是规定你可以做什么、不可以做什么、严禁做什么，违背了需要承担什么责任，偏向制度和行为的约束性。"应该做什么"更多靠激励机制或一个倡导性的表述，表明可以这样做。比如应该勤俭节约，不要浪费粮食，但不浪费也没有奖励，可你浪费到一定程度就会面临一定的惩罚。政策是有很具体的激励措施或资源的，比如税收优惠、补贴等一些具体的政策工具。法律会少一点，一般不会具体到你要拿多少钱出来。但总体精神是一样的，即对某个行动者行为空间的约束。所有的法律和公共政策在最核心的意义上来说，是约束行动者的一套制度规则或制度安排。从政策网络角度构造，要将行动者弄清楚，这些行动者之间有什么样的行为关系，行为关系又被法律做了何种界定。法律规定行动者 A 和行动者 B，可以对 A 和 B 的行为做具体约束，也可以对两个行动者之间的关系做约束，可以约束点也可以约束线。我们要区分清楚哪些是约束点的，哪些是约束线的。

二、《慈善法》立法的目标与组织

第一章是关于政策目标的。目标是将来确定政策实施研究成效好坏的标准。这个标准就是每个法律或者政策文本一开始的部分，总则就是原则和目标。因为立法和政策文本的语言是官方的语言，要将立法的目标转化成学术性的目标，学术性的目标是要用理论的语言来概述的。将模型建好以后我们再讨论学术上怎么确定目标，如《慈善法》的立法目标或政策目标大体上可以区分为促进慈善组织发展、规范组织的行为和弘扬慈善文化、保护组织及其相关者的权益等。

第二章就明确说明了在《慈善法》这个政策或法律系统中有哪些组织。第八条规定符合以下七个条件的都叫慈善组织:(1) 以开展慈善活动为宗旨;(2) 不以营利为目的;(3) 有自己的名称和住所;(4) 有组织章程;(5) 有必要的财产;(6) 有符合条件的组织机构和负责人;(7) 法律、行政法规规定的其他条件。(1)和(2)的精神是一致的,以慈善为宗旨自然不以营利为目的,有些表述是重复的。有名称和住所是资源条件,作为一个组织要有资源,如果没有名称和住所,就是一个草根组织或松散组织。组织章程说明你的规范程度。这些都是形式上的要求,可以迅速完成。有必要的财产,是说你要有法人账户,账户中有注册资本,也没有明确规定资产量有多少,我们成立一个社团或者非营利组织一般需要 3 万—5 万初始资本,各个时期规定不一样。

"本法公布前已经设立的基金会、社会团体、社会服务机构等非营利性组织,可以向其登记的民政部门申请认定为慈善组织",这意味着慈善组织在具体的表现形式上可以有基金会、社团(行业协会)、社会服务机构几种。

第十三条,"慈善组织应当每年向其登记的民政部门报送年度工作报告和财务会计报告","慈善组织的发起人、主要捐赠人以及管理人员,不得利用其关联关系损害慈善组织、受益人的利益和社会公共利益"。这是对行动者 A(慈善组织)做出的一般性规定。一般性规定还包括禁止条款,如第一章第十五条,"慈善组织不得从事、资助危害国家安全和社会公共利益的活动",这是对行动者 A 的活动范围划定边界,只能在"不危害国家安全和公共利益"的范围里,任何情况下都要无条件地符合这种约束。这种约束不是指它和特定行动者之间的关系,而仅仅是指它作为行动者(慈善组织)存在,无论它和谁发生关系,任何情况下都要符合原则,对它的行为做出了限定。

"不得接受附加违反法律法规和违背社会公德条件的捐赠",这个关系较为具体,但不是只针对哪一类的事情,没有非常明确的规定。仅仅是在捐赠的层面上不能违背法律。

第十六条,"有以下情形不得担任慈善组织负责人",这是对组织的领导人做了一个约束。对有犯罪记录的人也不能一棒子打死,应该允许给这些人从事社会公益活动的机会,但是给予五年的冷静期。

第十七条,"慈善组织有下列情形的应该终止"。这是对慈善组织产生和终止的状况,及其活动的一般空间做出限定。

第十九条,"慈善组织依法成立行业组织"。该条语言表达不够准确。慈善组织如何成立慈善行业协会?应该是行业之间共同成立自治组织、自我管理机构。

第一章是对慈善组织的规定,围绕第二章,我们来识别行动者。第二章对整个慈善组织这个行动者做出了一般性的规定。既然是一般性的规定,就要把组织的行动者和具体类型找出来。将行动者 A 和 B 具体化,有三种类型,即基金会、社团、社会服务机构。第一个重要的组织是社会服务机构,然后是给社会服务机构提供资金的基金会。社团和社会服务机构可以将其分开也可以合并,后续条款是否有非常明显的区别,如果没有非常明显的区分,就放在一起。社团是给会员提供服务的,是一个权益性组织。社会组织是向社会公众提供服务的。一个有选择性,一个没有选择性,但都是服务的提供者。基金会是提供资金的,一般不直接提供服务。这两个行动者不一样,要分离出来。给每个行动者 A 和 B 都给予行为一般约束空间,必须合法。慈善行业组织和基金会或社会服务机构之间有协调的关系,机构向行业组织提供会费、反映诉求(组织发展中碰到一些法律限制,或缺少资金等),行业组织给它们提供行业发展报告和咨询信息,甚至包含一些政策倡导的功能。行业组织再将政策性诉求、政策倡导反馈给民政部门,民政部门给机构和组织提供监管。

三、 慈善募捐

　　第三章,慈善募捐。社会团体和基金会是可以公开募捐的,进行公募的只有社会团体和基金会,进行服务的组织一般来说不可以进行公募。募捐主体在基金会、公众/企业。基金会/社团(作为募捐活动的主体)向公众/企业募捐,公众/企业可以进行捐赠,捐赠的方式有义演、义卖、义展、义拍等。

　　第二十四条,开展公开募捐,应当制定募捐方案。募捐方案包括募捐目的、起止时间和地域、活动负责人姓名和办公地址、接受捐赠方式、银行账户、受益人、募得款物用途、募捐成本、剩余财产的处理等。腾讯公益等对进行募捐的项目就有详细的描述,比如针对医疗的募捐,或者给儿童提供午餐的募捐,目的和方式都是十分明确的。基金会或者组织要向民政部门报备募捐方案,民政部门按照募捐方案进行监管,还要在慈善信息发布平台进行信息(募捐方案)发布。信息发布有助于公众/企业对它进行监督。这是对募捐活动进行的约束,这些约束意味着我们需要不断识别出新的行动者,所有信息都可查询。

　　第二十六条,不具有公开募捐资格的组织或者个人基于慈善目的,可以与具有公开募捐资格的慈善组织合作,由该慈善组织开展公开募捐并管理募得款物。社会服务类的机构,比如照顾儿童、照顾智障的,没有公募的资格,可以委托红十字会等平台代为募捐。基金会提供或转让其约定可募集的资金,双方进行募集资金的合作。但其本身并不一定就是一个募集基金的合作,机构也可以向基金会申请资金,基金会提供资助。一种是机构请基金会代其募集资金，另一种是如腾讯公益等平台贡献了自己的声誉筹集大量资金，机构向基金会申请，但是要符合基金会的公益重点领域和规则。

第二十七条，广播、电视、报刊以及网络服务提供者、电信运营商，应当对利用其平台开展公开募捐的慈善组织的登记证书、公开募捐资格证书进行验证。媒体可以施加监督，慈善信息发布平台包含了一些媒体，报刊、电台、网络等，比如《中国慈善报》。

第二十八条，慈善组织自登记之日起可以开展定向募捐。定向募捐与公募不同，任何一个社会服务组织都可以进行定向募捐。社会服务组织可以向其发起人、赞助商、企业、药商募捐，除定向募捐外，还可以直接提供服务。机构不仅为公众，还可以向企业提供服务，如家庭医生社区健康组织、白领的健康服务等，企业支付一部分费用（也包含捐赠），公众则支付其服务费。

第二十九条，开展定向募捐，不得采取或者变相采取本法第二十三条规定的方式。定向募捐不能变相进行公募。

第三十条，发生重大自然灾害、事故灾难和公共卫生事件等突发事件，需要迅速开展救助时，有关人民政府应当建立协调机制，提供需求信息，及时有序引导开展募捐和救助活动。公益服务包含了社会紧急救助，在重大危机情况下，这是其责任。

第三十一条，开展募捐活动，应当尊重和维护募捐对象的合法权益，保障募捐对象的知情权，不得通过虚构事实等方式欺骗、诱导募捐对象实施捐赠。不得欺诈，对其行为边界进行约束。非欺诈与非违法约束，约束不仅在募捐上，但是在募捐上欺诈问题比较特殊，所以单独列出。

第三十二条，开展募捐活动，不得摊派或者变相摊派，不得妨碍公共秩序、企业生产经营和居民生活。这些属于非妨碍约束，行为不一定违法。比如深更半夜在小区里敲门进行募捐,不一定违法,但违背了惯例。

第三十三条,禁止任何组织或者个人假借慈善名义或者假冒慈善组织开展募捐活动,骗取财产。这些都是行为约束边界,既适用于募捐合作,也适用于其他活动。

在第三章我们识别出了募捐主体、募捐对象、募捐相关监管方。两个募捐主体,一个是公募主体,另一个是非公募社会组织。两类募捐对象,一类是企业,另一类是个人。媒体和舆论监督平台,性质相对相似。

四、 慈善捐赠

第四章,慈善捐赠。募捐和捐赠就是看站在谁的立场上。从服务组织和基金会立场上,主动去向公众募集资金,这是募捐。捐赠是组织或基金会没有主动,民众主动将自己的财产捐给社会,不是应别人募集的诉求而捐。第三十四条到第三十六条是对捐赠人的捐赠行为做出的约束空间,一是要自愿、无人强迫,二是捐赠的财产是正当的、清白的、合法的,不能是危险品。

第三十七条,自然人、法人和其他组织开展演出、比赛、销售、拍卖等经营性活动,承诺将全部或者部分所得用于慈善目的的,应当在举办活动前与慈善组织或者其他接受捐赠的人签订捐赠协议,活动结束后按照捐赠协议履行捐赠义务,并将捐赠情况向社会公开。某些人借着捐赠的名义组织慈善晚会或义演,如果事先不签订协议,活动结束后可能不兑现其承诺,或者仅部分兑现其承诺。大家来参加活动是觉得它是用来做公益的,若将其作为自己的收入,是不正当的。此条是约束企业/演出方利用慈善的幌子在募捐时寻租。

如果将募捐和捐赠分离,那么企业和公众也要分离,一种是作为资金提供方的企业或者公众,一种是作为公益服务受益人公众。社会组织向公益服务受益人提供服务,包括社会救助,其服务可能是免费也可能部分付费,所以公众也要付费。企业和社会组织包含了两层含义,一层是主动性的捐赠,另一层是接受定向捐赠。作为资金提供者还有一种交易关系,资金提供方的企业和个人可以捐赠给社会组织、基金会,或直接捐赠给个人,符合社会组织服务的对象、弱势群体。弱势群体给资金提供者的反馈并不确定,可能是低于市场价格的付费。这些交易关系要慢慢斟酌。

第三十八条,慈善组织接受捐赠,应当向捐赠人开具由财政部门统一监(印)制的捐赠票据。票据作为一种证明,便于税务核查。

能写在线条上的信息就要写,不要漏掉。因为在写的时候能够给我们一种暗示,启发我们刻画两个行动者之间交易关系的类型。到底一个组织与社会公众之间有多少种交易关系、交易类型,他们的交易关系类型在标画的时候不要重复,在分析的时候就不会乱。

第三十九条,强调捐赠协议。这都是规范化的规定,这些规定是为了组织的捐赠行为更加规范。

第四十条,捐赠人与慈善组织约定捐赠财产的用途和受益人时,不得指定捐赠人的利害关系人作为受益人。例如捐钱给某社会组织,要求社会组织在老家的村庄修一条路,就不可以,因为老家的村庄有直接利害关系人。这涉及关联交易。

第四十一条,捐赠人应当按照捐赠协议履行捐赠义务。捐赠人违反捐赠协议逾期未交付捐赠财产,有下列情形之一的,慈善组织或者其他接受捐赠的人可以要求交付;捐赠人拒不交付的,慈善组织和其他接受捐赠的人可以依法向人民法院申请支付令或者提起诉讼。比如汶川地震时很多人承认捐款,最后一些组织和个人被认为他们是口头捐,即没有兑现。

那么就要看他口头捐赠有没有签订协议。如果只是口头的话,只能受到道德谴责,但是没有法律约束。一旦和捐赠对象签订捐赠协议了,协议就具有法律效应,必须履行,不履行可以去法院起诉。后面附加了一些条件,比如捐赠人承诺捐赠之后有证据证明其经济困难就不必捐款,实际上是一种缓冲条款。

第四十二条,捐赠人有权查询、复制其捐赠财产管理使用的有关资料,慈善组织应当及时主动向捐赠人反馈有关情况。捐赠人对慈善组织有监督作用。若公众和企业按照捐赠协议履行了这项业务,则其有权监督、查询资金去向或者使用状况。

第四十三条,国有企业实施慈善捐赠应当遵守有关国有资产管理的规定,履行批准和备案程序。这是针对企业中的一种。如果是国有企业,还要接受国资委的监管,国有资产不能自作主张。这是一个特例,不需要在模型图上特别列举出来。

五、 慈善信托、慈善财产与慈善服务

第五章,慈善信托是"指委托人基于慈善目的,依法将其财产委托给受托人,由受托人按照委托人意愿以受托人名义进行管理和处分,开展慈善活动的行为"。做慈善信托有这样几种情况:例如某人很有钱且没有子女,晚年便将钱交给有资质的慈善信托基金公司打理,这个资质要强有力。普通人也可以进行慈善信托,比如只有母子两人的单亲家庭,母亲担忧去世之后孩子不能独立生存,母亲可能就会将自己的钱做一个慈善信托,委托慈善机构,说明将来这个孩子在什么情况下可以使用,或者每个月支付生活费。再比如诺贝尔奖奖金。诺贝尔忏悔自己的发明,去世时

将财产全部捐给了皇家基金会，皇家基金会将每年的投资收益用来支付诺贝尔奖奖金。慈善信托就是把自己的财产委托一个主体来经营，用于公益目的。如果没有在民政部门备案，或目的不是公益的，就不叫慈善信托，就不免税。

第四十六条，慈善信托的受托人，可以由委托人确定其信赖的慈善组织或者信托公司担任。受托人可以是慈善组织、信托公司或基金会。将信托公司和一般的基金会分离开，因为很多基金会可能没有信托的功能。再将慈善组织分离开来，将从事信托的慈善组织称为特定慈善组织。企业/公众将它的一笔钱通过慈善信托委托给特定的信托机构或慈善机构，让它们来给慈善信托的受益人提供慈善服务。比如股神巴菲特的钱，委托比尔·盖茨的慈善基金会管理，受益的就是非洲人民的健康和反贫困。慈善信托履行信托责任，即资金提供方将钱交给慈善机构，慈善机构提供慈善服务。于是我们就将慈善信托嵌进去了。

第六章，慈善财产。慈善组织的财产包括：(1) 发起人捐赠、资助的创始财产；(2) 募集的财产；(3) 其他合法财产。所有慈善财产怎么管理都有严格规定，尽量使财产保持增值或者用于公益服务，禁止贪污挪用、占有侵吞。这些法律的约束，可以单独作为约束条件写在这里。第六章是对慈善财产的合规合法性约束，和前面第二章、第三章针对行动者的约束是一致的。这个约束是通用的，只要你是公益财产，作为一个行动者都要尽职尽责，不能随意乱用财产。如果慈善资金在使用的时候过多用于公共关系，与尽职尽责的公益原则相违背，社会舆论就会哗然。

最重要的是第七章，对服务本身的约束。《慈善法》特别强调了三种慈善组织对服务受益人提供的服务类型。(1) 志愿服务：提供劳动力；(2) 无偿服务：不收费；(3) 非营利服务：收费比市场价格低一点。慈善组织并不意味着提供的服务都是不收费的。慈善组织提供的很多服务也是

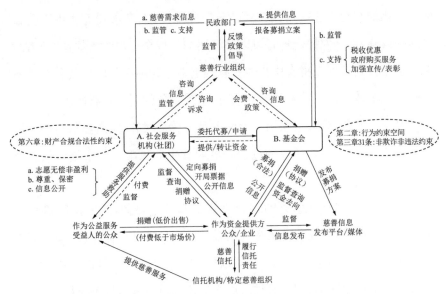

图附 2.1　基于《慈善法》的政策网络模型构建

需要收费的,要弥补一点成本,但其收费与市场价相比是要便宜的。比如儿童早教,市场上的早教课时费就很贵,如果是公益的,慈善组织提供的早教服务就便宜很多。

第六十二条,开展慈善服务,应当尊重受益人、志愿者的人格尊严,不得侵害受益人、志愿者的隐私。这是对慈善服务形式、性质提供的约束,还有一层约束是尊重,是对服务交易线加了约束。

第六十三条,开展医疗康复、教育培训等慈善服务,需要专门技能的人员,应当执行国家或者行业组织制定的标准和规程。在立法上文字是非常精炼的,每个字都应该精雕细琢。在《慈善法》中使用了医疗康复、教育培训作为慈善服务的代表,用意何在? 为什么没有提贫困救助、一般的老年服务? 还有流浪乞讨人员的临时救助,残疾人的照顾为什么没有提及? 其背后的考量需要咨询法律起草人和参与人。法律上的列举非常重要,比如我们在土地政策上的征地列举。在什么情况下农民的土地能被征用？比如修建高速铁路、国防设施、高等学校、大型水利等适用于公益目的的设施，那么农民土地是可以被征用的。现在征地的条款是"地方政府为了公共利益可以将农民集体所有权土地征为国有"，但公共利益并不明确。大量教育培训并不是慈善项目，慈善服务的列举不够严谨。

第六十四条，慈善组织招募志愿者参与慈善服务，应当公示与慈善服务有关的全部信息，告知服务过程中可能发生的风险。此条是对信息公开的约束。

应该说，规定慈善服务的相关条款是非常重要的，既要预防机会主义，又要尽可能地保证慈善服务合约设计有预见性和可操作性，如果能将很多现实预见性的东西考虑进去，让法律具有较强的可实施性从而确保更有效地实现立法的意图和目标，那么法律的质量就得以不断提高。

六、 信息、技术与监管

第八章将信息公开作为一个独立条款，大多数信息公开内容在前面就已提及，在这里是将信息内容重新总结一下。提供资源的一方一定有责任知道其资源的去向和使用，以及是否合规。接受资源的一方有责任向提供资源方提供准确、真实的信息。这就是信息公开的约束性。

第九章，促进措施。促进措施反映了政府政策决策者要进来了。"县级以上人民政府有关部门应当在各自职责范围内，向慈善组织、慈善信托受托人等提供慈善需求信息，为慈善活动提供指导和帮助。"政府、民政部门应该向慈善组织提供慈善需求信息，起一个引导作用。政府除了监管之外，也向基金会提供慈善需求信息。还提供支持，制定措施来支持慈善事业发展，支持如税收优惠、政府购买服务、慈善宣传等。

第十章，监督管理说明了五类监管：行业组织、政府（民政部门）、媒体舆论、服务对象、服务提供方。

综上所述，立法文本大体上和政策网络模型是一一对应的。今天的案例模型构建操作是想证明：任何一个法案都可以画出这样的网络分析模型，也可以将任何一个政策网络模型起草为政策文本，这是一个双向互换的技术性操纵过程。用这个法案对着模型来检验人大的评估报告，就能知道人大评估报告写得好还是不好。按照这个模型至少可以分为监管、服务、捐赠三部分，根据这三部分建造理论模型，可以形成一个学术论文。

图书在版编目(CIP)数据

政策网络分析十讲 / 赵德余著. -- 上海 ：格致出

版社 ：上海人民出版社，2025. -- ISBN 978-7-5432

-3646-2

Ⅰ. D0-39

中国国家版本馆 CIP 数据核字第 2025ZY2703 号

责任编辑　王亚丽
装帧设计　路　静

政策网络分析十讲

赵德余　著

出　　版	格致出版社
	上海人民出版社
	（201101　上海市闵行区号景路 159 弄 C 座）
发　　行	上海人民出版社发行中心
印　　刷	上海商务联西印刷有限公司
开　　本	720×1000　1/16
印　　张	16.25
插　　页	2
字　　数	199,000
版　　次	2025 年 3 月第 1 版
印　　次	2025 年 3 月第 1 次印刷

ISBN 978-7-5432-3646-2/C·332

定　　价	78.00 元